ESG マネジメント

持続可能な組織をつくる実践書

株式会社ワールド・ヒ⋯⋯⋯⋯ノス

ESG経営研究会編　　　　　裕明

産業能率大学出版部

目　次

はじめに

　本書のテーマである「ESG マネジメント」は、企業にとって最も重要なステークホルダーの１つである従業員の仕事の負担を軽減しつつ、企業の収益性を向上させ、それによって社員が時間的・精神的・経済的なゆとりを得てウェルビーイングを実現することを目指している。

　企業は、そこで働く従業員が、ワクワク感・面白い・楽しい・うれしい・感動・感謝・希望といったポジティブな気持ちを持ち、健康状態を保ちながら業務を遂行することができるように経営資源を投下することが求められ、その結果として、業務の効率化や収益性の向上等を達成することができる。このような活動こそが人的資本に対する投資であり、そのリターンとして企業価値を向上させることができ、さらに人的資本に投資するという好循環を構築することで、企業は持続的に成長するのである。

　また、企業は、社会の一員であって、社会・地球環境に負の影響を及ぼすことは許されない。これまで人類は、企業活動等を通じて、地球上の限られた資源を際限なく採掘し、その確保をめぐって争い、また、森林伐採、二酸化炭素など温室効果ガスを排出することで悪影響を及ぼしてきた。現在、その影響は、人類がかつて経験したことのないさまざまな災害となって生じており、これをこのまま放置することは許されない状況となっている。

　ESG マネジメントは、事業を通じて地球環境を保護し、そして人類の「幸せ」を実現できるようにしていこうというものである。地球環境・人類の幸せのための事業活動は、まず、その活動の最前線にいる従業員自体が地球環境・人類の幸せのために活動している

ことを体感できなければ、企業の持続的成長は困難である、という理解から始まる。つまり、企業で働く従業員が、仕事について、「ここに無駄がある、この無駄を省けば皆が楽になる、社会が求めるものを生み出せる、そうすればもっと社会が良くなる」という視点でその英知を結集し、日々の仕事からの「気づき」を活かすことが出発点である。

　本書は、ESG マネジメントの実践書として、持続可能な成長に取り組むすべての企業・団体にとって参考に資するよう、単に理論を紹介するだけでなく、企業が ESG マネジメントを実践できるように工夫をしている。

　ESG マネジメント実践モデルとしては、東京商工会議所主催「勇気ある経営大賞」を受賞し、ESG・SDGs において実績を上げている「株式会社佐藤製作所」、「有限会社原田左官工業所」、「日本理化学工業株式会社」の協力を得て取材をさせていただいた。

　また、本書における ESG マネジメント実践例を執筆するにあたっては、取材先企業の選定や紹介等で多大な尽力をいただいた東京商工会議所中小企業部 長嶋収一氏に深謝申し上げる。

第1章

ビジネス環境の変化と
SDGs・ESG

第1節　SDGs・ESGが提唱された背景と それぞれの意義

1 ビジネスを取り巻く環境の変化

　企業の経営判断をしたり、機関投資家や金融機関が企業に投資を する際の判断にあたっては、当該企業が「利益をあげているか」、「十 分な配当が得られるか」、「株価は上昇するか」、「過度な負債を負っ ていないか」等の観点を優先する考え方が根強い。

　たしかに、企業は利益を得なければ生き残れず、投資家が投下資 本の回収を重要視することは当然のことである。しかし、短期的な 利益や株価の上昇のみを、その判断基準として重視し、収益化に時 間のかかる研究開発や人材育成への投資を減らし、従業員への富の 配分を後回しにしたり、将来的な持続的成長を考慮することを軽視 し、さらには環境や地域社会にかける負荷の軽減などをおろそかに する企業経営は、むしろ企業の存続自体を脅かすリスクがある。

　今日、われわれ人類は大量生産・大量消費を前提とする社会・経 済システムが、資源の枯渇、自然環境の破壊や気候変動などの弊害 を生み出しているという認識を持つに至っている。

　こうした社会・経済システムの下においては、企業は自社の従業 員に、「自分たちの努力は、会社の将来の発展につながるのだろう か（株価が上がれば自社株が売却される、マネーゲームの対象と見 られているだけではないのか）？」、「努力によって自分たちは本当 に豊かになれるのか？」、「自分たちの努力によって社会や環境は良 くなるのか？」といった疑念をも抱かせる危険性を秘めている。

　従来、企業は、その活動による負の影響がもたらす社会的コスト を、CSR（Corporate Social Responsibility、企業の社会的責任）

として、環境・社会活動等を通じて利益を還元すること等により、社会への影響を軽減しようと試みてきた。しかし、これは事業活動と社会への還元とが、いわばトレードオフの関係となり、企業の業績が悪化すると還元活動が停止する等、継続性のないものとなりやすいという実態があった。

　ところが、現在、従来から行われている企業活動の前提となる社会・経済システム自体が根底から揺らぐ事態が生じている。短期的利益の過度な追求と大量生産・大量消費を前提とするこれまでの社会・経済システムが自然環境に多大な影響を及ぼし、人類の生存基盤が脅かされる可能性までも生じているのである。

　「第15回グローバルリスク報告書　2020年版」（世界経済フォーラム）によれば、発生可能性から見たリスクの上位5項目のすべてが環境面に関するものであった。実際に、気候変動を原因とする異常気象がもたらす自然災害は深刻度を増している。今後の世界人口は、2030年までに85億人、2050年には97億人に増加すると想定される一方で、資源の消費スピードはすでに自然の再生可能な速度を超えているといわれる。

2 社会課題への対応と企業経営との融合

　こうした状況下、先述したCSRの考えに対して、最近では「経済的価値を創造しつつ同時に社会的な課題を解決することで社会的価値を創造する」という「CSV（Creating Shared Value、共通価値の創造）」（Michael Porter）の考え方の重要性が認識されてきている。CSVは、企業が得た利益の社会への還元という「社会貢献」としての側面が強かったCSRへの取り組みを、収益を上げる仕組みの中に組み込んでいる点に特徴がある。

　例えば、環境への負荷を削減すると同時にコストの削減を実現する、あるいは、原材料の調達先の労働環境を改善すると同時に高品質な原材料の安定的な調達を図る等、企業の利益を追求する視点でCSR 活動を捉え、企業が収益を上げるための活動を通じて社会的な課題の解決を図る。

　このように、企業はその経営に社会課題の解決を組み入れて、事業活動に潜むリスクを回避し、むしろそれをイノベーションの糧として収益化していくことが求められており、そのために有益なのがSDGs であり ESG である。

(1) ESG の意義

　ESG とは、E（Environment= 環境）すなわち、温室効果ガスの削減等、水質汚染の改善、気候変動への対応などの環境問題対策、S（Social ＝社会）すなわち、ジェンダー平等の実現、格差や人権問題の解決、地域社会への貢献等、G（Governance ＝ガバナンス）すなわち、不祥事の回避、不正のない公正な経営や情報開示等をその要素とするものである **（図 1-1）**。なお、ESG のそれぞれの要素

3 要素	内容
環境 (Environment)	自然環境に関わる課題への対応。 地球規模での気候変動・地球温暖化への対応や二酸化炭素（CO_2）排出量の削減、廃水等による水質汚染や水不足の改善、海洋中のマイクロプラスチックなどによる環境汚染への取り組み、再生可能エネルギーの使用促進、生物多様性の維持・確保など。
社会 (Social)	社会的な課題への対応。 人権問題、従業員の労務管理・安全衛生、ダイバーシティ、ワークライフバランス、児童労働問題、製品・サービスの安全管理、地域社会への貢献など。
ガバナンス (Governance)	環境問題や社会問題に向き合う企業の統治に関わる課題。 企業経営における統治体制、法令遵守（コンプライアンス）、適切な情報開示など。

図 1-1　ESG の具体例

の詳細については、第2章第4節1において説明する。

　企業は、経営にESGの要素を取り入れることによって、事業に社会課題を組み入れることが可能となる。

　また、機関投資家や金融機関がESGに配慮した企業を対象に投資することは、一般に「ESG投資」と呼ばれる。ESG投資は、投資家や金融機関が投融資の判断を行うに際し、企業業績や財務的な観点のほか、環境・社会・ガバナンスに配慮し、これらの問題に積極的に取り組む企業を投融資の対象とするものである。

　ESG投資は国連による責任投資原則に基づくものである。ESGに配慮した経営を行う企業は投資家や金融機関に支持されやすくなり、そうでない企業は事業の運転資金の調達が困難になると想定される。ESGは、国連の責任投資原則をきっかけとして一般に認識されるに至った経緯があるため、ESG投資の側面で説明されることがあるが、本書で詳述するように、ESGは投資判断の要素であるにとどまらず、企業経営に深く組み入れること（ESGマネジメント）が重要である。

(2) SDGs の意義

　企業は、その事業活動によって社会や環境に多大な影響を与えている。事業活動の結果は社会や環境を悪化させるものであってはならず、むしろ社会や環境に生じている問題を解決するものであることが求められる。企業経営において、事業活動の結果への配慮は、主として経営計画や事業計画における目標設定として考慮されるものであろう。

　企業が長期的な事業目標を設定する上で非常に有用なものが、SDGs である。SDGs は、2015年9月の国連持続可能な開発サミットの成果文書である「2030アジェンダ」の中心に置かれる持続可

COLUMN

SDGs と ESG の関係性

　経済産業省「SDGs 経営ガイド」（2019 年 5 月）では、SDGs と ESG の関係性について、「投資家による ESG 投資と、民間企業の SDGs への取り組みは裏表の関係にある。世界最大の機関投資家である年金積立金管理運用独立行政法人（GPIF）では、ESG 投資と SDGs の関係について、民間企業が SDGs に取り組むことで共通価値創造（CSV）を実現し、企業価値の持続的な向上を図ることで、ESG 投資を行う投資家の長期的な投資リターンの拡充につながるものと分析している」と記述している（「CSV」については第 1 章第 1 節参照）。

図「ESG 投資と SDGs の関係」
出典：年金積立金管理運用独立行政法人（GPIF）ウェブサイト
https://www.gpif.go.jp/esg-stw/esginvestments/

能な開発目標を指し、2030 年までに世界で達成すべき目標を 17
項目に分けて提示している。SDGs は、国・地方団体、企業および
すべての個人が目指す目標を明確にしたものであり、企業の利益を
最優先にするものではない。しかし、企業は、SDGs が掲げる目標
を経営戦略に組み込むことで、持続的に企業価値を向上させること
ができる。

3 ESG マネジメントの意義とその重要性

　企業が、SDGs の達成を長期の事業目標に取り込み、その有する
経営資源を、ESG の視点で事業に投資して、後述の経営資本（第
2 章第 2 節 1 参照）を増強する経営（以下、これを「ESG マネジ
メント」という）に取り組むことにより、結果として SDGs の目
標の達成につながっていくという関係性にある。企業と社会が持続
的な成長を遂げるために、企業の事業活動は「ESG マネジメント」、
すなわち、その事業自体が ESG の要素に正の影響をもたらすもの
でなければならない。本書では、この ESG マネジメントについて
詳述するが、次節では、その前提として、ESG マネジメントおよ
びこれに関する用語の本書での意味を明確にしておく。

第2節 ESG マネジメントおよびその関連用語の定義

1 各用語の定義

　企業は、気候変動問題や人権問題など、世界が直面する社会全体で取り組むべき課題に取り組み、持続可能な社会を実現するとともに、企業の持続的な成長を目指す「サステナビリティ」への対応が求められている。サステナビリティは、企業の長期的・持続的な価値創造に向けた経営戦略の根幹をなす要素として捉えられることが増えてきた。企業が長期的かつ持続的に成長原資を生み出す力を向上させていくためには、サステナビリティを経営に織り込むことが不可欠だと考えられている。

　このように、ビジネスにサステナビリティの考え方を取り入れることが求められる状況にあって、政府その他の団体等からさまざまなガイドライン等が公表されている。しかし、「ESG マネジメント」、「SDGs 経営」、「人的資本経営」、「サステナビリティ経営」、「サステナビリティ・トランスフォーメーション（SX）」等、ガイドラインごとに異なる用語が使われていることが、この分野の理解を難しくしているものと考えられる。

　そこで、まず本書の主要なテーマである ESG マネジメントの意味を明確にした上で、似たものとして捉えられる SDGs 経営、人的資本経営、サステナビリティ経営、サステナビリティ・トランスフォーメーション（SX）について、それぞれの定義を確認し、概念を整理したい。

(1) ESG マネジメントとは

　本書の主要テーマである「ESG マネジメント」は、次のように定義することができる。

【ESG マネジメント】
企業が、事業目標に SDGs を組み入れ、その有する経営資本（ヒト・モノ・カネ）を、どの分野の事業に投入すれば ESG に資するかという視点に立脚した経営を行い、持続的成長を達成すること。

　ESG マネジメントをその重要な要素ごとに具体化すると、次の①～⑤の要素に分けることができる。

①自社の持つ経営資本を把握する。
②自社の社会的役割を明確にし、それを SDGs の 169 のターゲット（2030 年までに達成すべき具体的なターゲット、巻末参照）と自社事業のゴール（あるべき姿）とに紐づける。
③経営資本を事業投資（インプット）する際、ESG の視点で事業投資する具体的内容を精査する。
④自社事業のゴール（あるべき姿）からバックキャスティング思考で事業の計画を策定する。その際、社会との関係から自社にとっての重要課題（マテリアリティ）によって、事業の優先順位を定める。
⑤従来の事業計画との「ギャップ」を埋めるために社内外の「英知」を集め、知的資本の価値を高めることにつなげ、売上げ・利益（アウトプット）と経営資本増加（アウトカム）を高める。

　このような ESG マネジメントの実践を通じて達成すべき「あるべき姿」は、企業の持続的成長の要であり、重要なステークホルダーである従業員全員の業務負荷を減らして従業員全員が「幸せになる」こと（ウェルビーイングの実現）と、社会の要請に応えつつ、企業の高収益・持続的成長を両立できるよう経営することである。

(2)「SDGs 経営」・「サステナビリティ経営」等の用語について

　「SDGs 経営」・「人的資本経営」・「サステナビリティ経営」・「サステナブル・トランスフォーメーション」の意味は、**図 1-2** のようにまとめられる。なお、「ESG マネジメント」は、これらの要素をすべて含んでいる。具体的には、「SDGs 経営」の考え方・要素は上記要素の②に、同様に、「人的資本経営」の要素は上記要素の①に、「サステナビリティ経営」は上記要素の④に、「サステナビリティ・トランスフォーメーション（SX)」は上記要素の③と⑤に、それぞれ取り込まれている。

SDGs 経営	公的な機関によって明確な定義づけはされていないものの、「SDG Compass」によれば、企業が新たな事業成長の機会を見いだし、リスク全体を下げる等を目的として、SDGs 達成のためにさまざまな方策を考え、実行すること、と考えることができる。
人的資本経営	人材を「資本」として捉え、その価値を最大限に引き出すことで、中長期的な企業価値向上につなげる経営のあり方である（経済産業省「人的資本経営〜人材の価値を最大限に引き出す〜」より）。

サステナビリティ経営	社会のサステナビリティと企業の成長・収益力の両立を図る経営である（「人的資本可視化指針」（内閣官房非財務情報可視化研究会）より）。
サステナビリティ・トランスフォーメーション（SX）	社会のサステナビリティと企業のサステナビリティを「同期化」[1]させていくこと、及びそのために必要な経営・事業変革（トランスフォーメーション）を指す（経済産業省「伊藤レポート 3.0（SX 版伊藤レポート）」より）。

図 1-2　各用語とその意味

2 「ESG マネジメント」の実践に利用可能なツールとしての各ガイドライン

　2022 年 8 月に、内閣官房非財務情報可視化研究会より「人的資本可視化指針」が、経済産業省より「伊藤レポート 3.0（SX 版伊藤レポート）」と「価値協創ガイダンス 2.0」が公表された。これらは、いずれも、「ESG マネジメント」の実践にあたり、ツールとして活用できるガイドラインである。

(1) 伊藤レポート 3.0（SX 版伊藤レポート）

　「伊藤レポート 3.0（SX 版伊藤レポート）」の冒頭において、「企

1　社会のサステナビリティと企業のサステナビリティの同期化とは、企業が社会の持続可能性に資する長期的な価値提供を行うことを通じて、社会の持続可能性の向上を図るとともに、自社の長期的かつ持続的に成長原資を生み出す力（稼ぐ力）の向上とさらなる価値創出へとつなげていくことを意味する。

業を取り巻く環境変化が激化する中、企業や投資家等が協働して長期的かつ持続的な企業価値を向上させるためのSXの要諦を整理するとともに、その実現に向けた具体的な取り組みについて述べている。いわば、日本企業・投資家等が将来に向けて進むべき道を示す『羅針盤』である」と紹介されている。

　この「SX」とは、前項で述べた「サステナビリティ・トランスフォーメーション」のことである。そして、SXは企業の努力のみでは達成することができず、その実現のためには、「企業、投資家、取引先など、インベストメントチェーンに関わるさまざまなプレイヤー

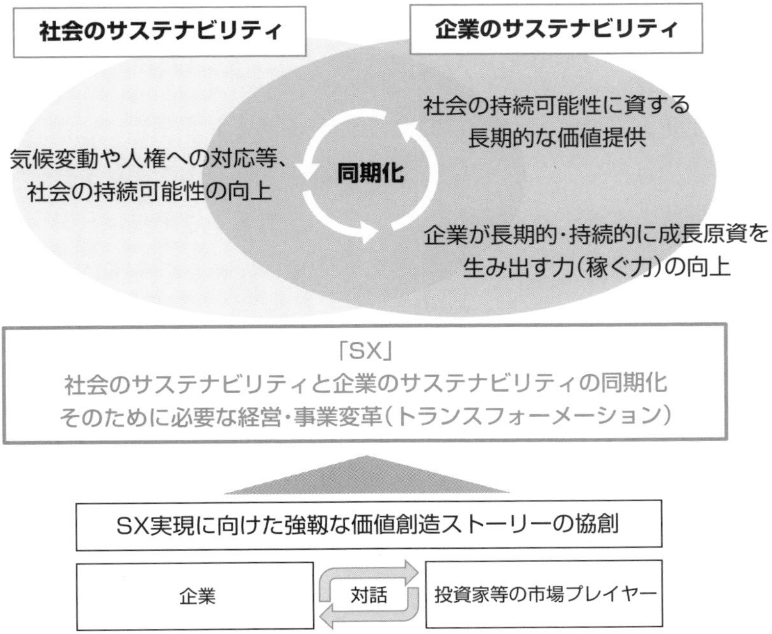

社会のサステナビリティ	企業のサステナビリティ

気候変動や人権への対応等、社会の持続可能性の向上

同期化

社会の持続可能性に資する長期的な価値提供

企業が長期的・持続的に成長原資を生み出す力（稼ぐ力）の向上

「SX」
社会のサステナビリティと企業のサステナビリティの同期化
そのために必要な経営・事業変革（トランスフォーメーション）

SX実現に向けた強靭な価値創造ストーリーの協創

企業	対話	投資家等の市場プレイヤー

出典：経済産業省「伊藤レポート 3.0（SX版伊藤レポート）」
図 1-3　SX（サステナビリティ・トランスフォーメーション）

が、持続可能な社会の構築に対する要請を踏まえ、長期の時間軸における企業経営の在り方について建設的・実質的な対話を行い、それを磨き上げていくことが必要」とし、その関係を**図 1-3** のように図示している。

（2）価値協創ガイダンス 2.0

正式名称を「価値協創のための統合的開示・対話ガイダンス 2.0 －サステナビリティ・トランスフォーメーション（SX）実現のための価値創造ストーリーの協創 –」という。この「価値協創ガイダンス 2.0」は、2017 年 5 月に公表された「価値協創のための総合的開示・対話ガイダンス－ ESG・非財務情報と無形資産投資－（価値協創ガイダンス）」（第 4 章第 2 節 2（1）参照）を SX の実現に向け強化を図るために改訂されたものである。

企業は、長期的かつ持続的に成長原資を生み出す力や、財務価値と社会価値との関係性を整理した上で、自社固有の価値創造ストーリー[2] を構築する。その価値創造ストーリー上に、自社のサステナビリティ関連の取り組みを明確に位置づけることにより、自社の情報開示にサステナビリティの要素を組み込むことが可能となる。

その一方で、「（1）伊藤レポート 3.0（SX 版伊藤レポート）」で述べたように、SX は企業が単独で実現するのではなく、多様なステークホルダーとの対話をもとに、協働して磨き上げていくことが重要である。これを実現するためには、企業価値の協創に向けた情報開示や対話のよりどころ、いわば企業と投資家等をつなぐための「共通言語」が求められる。価値協創ガイダンスは、こうした企業

---

2 一般に、企業が、自社のステークホルダーに対し、今後予見される事業機会やリスクを念頭に置いた上で、自社の長期的・持続的な成長と価値創造を説得するためのストーリーを指す。

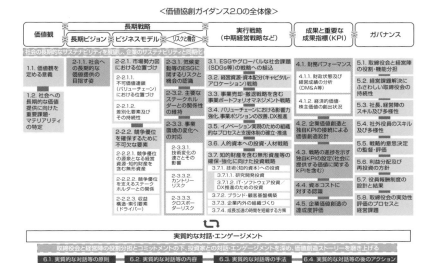

＜価値協創ガイダンス2.0の全体像＞

出典：経済産業省「価値協創のための統合的開示・対話ガイダンス 2.0（価値協創ガイダンス 2.0）」

図 1-4 「価値協創ガイダンス 2.0」の全体図

と投資家等が建設的・実質的な対話を通じて価値創造ストーリーを協創するための手引きとしての役割を担うものである **（図 1-4）**。

（3）人的資本可視化指針

人的資本可視化指針は、人的資本[3]（人的資本については、第 2 章第 2 節 1 （7）参照）に関する情報をどのように資本市場に開示するかについて、その対応の方向性を、既存のガイドラインや基準をどのように活用するかといった取扱い方法等を含め包括的に整理

---

3 「人的資本」とは、人材は、教育や研修、業務等を通じ能力や経験等が向上・蓄積することで付加価値創造に資する存在であり、必要に応じ内外から登用・確保するものであることなど、価値を創造する源泉である「資本」としての性質を有することに着目した表現である。

した手引書として公表されている。

　人材育成など人への投資は、財務会計上は費用として処理されるのが一般的である。そのため、人材育成に積極的に取り組むことは、短期的には利益を圧迫する要因とみなされる傾向があり、資本効率を低下させるものとして扱われがちであった。そうした背景から、従来、人への投資は抑制されたり後回しにされたりしやすい構造ができていた。

　しかし、人的資本や知的資本（知的資本については、第2章第2節1（6）参照）、ビジネスモデルなどの無形資産が、企業の競争優位の源泉や持続的な企業価値向上の推進力になるという認識が広がる中、人的資本への投資は、企業の成長や価値向上に直結する戦略投資であるとの認識が、企業・投資家においても広がりつつある。

　人材を「資本」として捉え、その価値を最大限に引き出すことで、

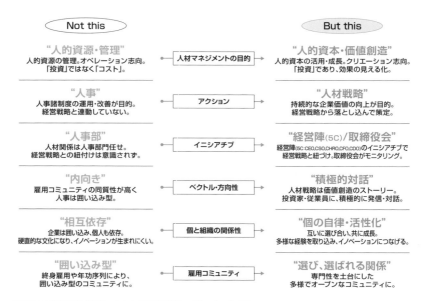

出典：経済産業省「人材版伊藤レポート2.0」
図1-5　人的資本経営の変革の方向性

中長期的な企業価値向上につなげる経営の在り方を「人的資本経営」といい、従来の経営との違いは**図1-5**のように整理されている。

　現在、多くの投資家は、社会のサステナビリティと企業の成長・収益力の両立を図る「サステナビリティ経営」の観点からも人的資本への戦略的な投資を重要な要素と捉えている。そのため、企業・経営者が自社の人的資本への投資や人材戦略の在り方を、投資家や資本市場に対してわかりやすく伝えていく「人的資本の可視化」が不可欠である。

　「人的資本可視化指針」は人的資本に関する情報開示の在り方に焦点を当て、企業が自社の業種やビジネスモデル・戦略に応じて活用することが可能なツールである。本指針の「人的資本の可視化の方法」の項では、効果的な情報開示（可視化）に向けた基本的な考え方を、「可視化に向けたステップ」では、具体的な準備の例示や開示媒体への対応を、そして「付録」として参考となる開示指標や事例、関連情報を整理している**（図1-6）**。

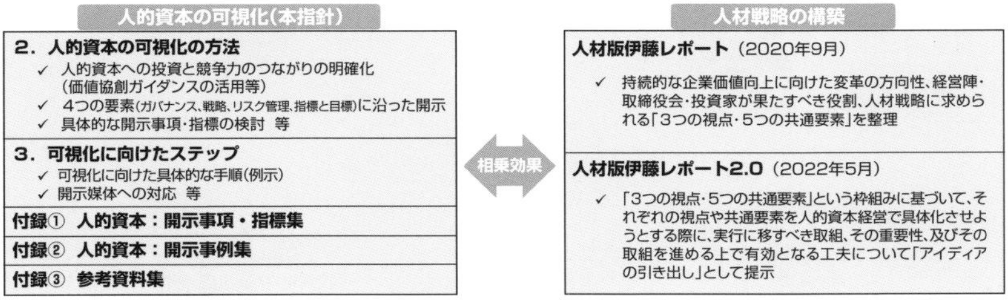

出典：内閣府非財務情報可視化研究会「人的資本可視化指針」
図1-6　「人的資本可視化指針」の役割（「人材版伊藤レポート」との相乗効果）

第3節　ESG マネジメントの必要性

　SDGs における 17 の目標は、「誰一人取り残さない」という理念の下に、個人や企業を含むすべてのステークホルダー（利害関係者）が、その達成に向けて取り組む目標である。

　このことは、2030 アジェンダ前文で「すべての国およびすべてのステークホルダーは、共同的なパートナーシップの下、この計画を実行する」と示されている。また、SDGs 実施指針（SDGs に関する取り組みを総合的かつ効果的に推進することを目的として、全国務大臣を構成員とする持続可能な開発目標（SDGs）推進本部会合にて決定）では、「SDGs の達成のためには、公的セクターのみ

図 1-7　すべてのステークホルダー

ならず、民間セクターが公的課題の解決に貢献することが決定的に重要であり、民間企業（個人事業者も含む）が有する資金や技術を社会課題の解決に効果的に役立てていくことはSDGsの達成に向けた鍵でもある」とされていることからも明らかである。

　SDGsのカバーする範囲は広範であるが、各目標はターゲットに細分化されており、企業規模の大小や産業ごとに、取り組むべき目標・ターゲットを選定することが可能となっている。企業が、事業計画を見直し、SDGsに示される地球規模の課題を「自分ごと」とするために、事業とSDGs目標（具体的には169のターゲット（巻末の参考資料参照））とのつながりを明確にして、その課題を解決するべく創意工夫をする。それは、その企業にとっての新たなビジネスを創出し、収益性を向上させて長期的に成長するチャンスにつながるものである。

　このことは企業に当てはまるだけでなく、そこで働く個々の従業員にとってもそのまま当てはまる。従業員一人ひとりが仕事の内容・やり方を見直して、従来よりも効率的な業務遂行、言い換えれば「より短時間で」、「より手間が少なく」仕事を進められるようになり、かつ、当該従業員の業務負荷が軽減されるようにすることがESGマネジメントそのものなのである。すべての従業員がこのようなESGマネジメントを実践し続けていかなければ、企業の持続可能な成長戦略の実現は困難であることを銘記すべきである。

1 SDGs目標の達成に必要なESGマネジメント

　ESGの要素である環境（Environment）、社会（Social）、ガバナンス（Governance）は、いずれもSDGs目標として示されるさまざまな課題と一致するとともに、ESGのいずれの要素も企業

環境 （E）	目標3・目標6・目標7・目標 11・目標 12・ 目標 13・目標 14・目標 15
社会 （S）	目標1・目標2・目標3・目標4・目標5・目標8・ 目標 10・目標 11・目標 12
ガバナンス （G）	目標5・目標9・目標 16・目標 17

図 1-8　ESG の各要素に主として関連する SDGs の目標

の安定的かつ長期的な成長に不可欠である **（図 1-8）**。

　環境や社会問題・従業員のモチベーション向上などへの取り組みや企業のガバナンス（法令等の遵守や適切な情報開示など）を経営に取り込み、事業の収益性を高めて持続可能な成長の原動力とすることが ESG マネジメントである。つまり、ESG マネジメントとは、事業の長期的目標に SDGs を組み込み、その目標達成に向けて、ESG の観点から事業計画において経営資本の投入・振り分けを定め実行することをいう。ESG マネジメントの目的は、社会的な課題の解決とともに事業の収益性を向上させて企業の長期的な成長を継続させ、かつ事業単位で設定した SDGs の目標達成を目指すことにある。そして、ESG マネジメントそのものと同様に、またはそれ以上に重要なのが ESG マネジメントに関する情報の適切な発信・開示である（これを「サステナブルコミュニケーション」という）。

　ESG マネジメントとサステナブルコミュニケーションは、企業とそこで働くすべての従業員にとって、次に掲げるようなさまざま

なメリットをもたらす。

(1) 企業経営の安定性向上

　環境や社会に配慮し、透明性と公正性を強化し、その活動内容や成果を適切に外部に公表することは、企業価値の向上に直結する。特にガバナンスの重視は、効率的な経営資本の活用を通じて成長可能であるという評価につながると同時に、従業員に対するインセンティブやモチベーション向上にも直結する極めて重要、かつ、戦略的なことである。つまり、ESGマネジメントについて情報を適切に発信・開示することにより、投資家との建設的な対話が促進され、または銀行等からの融資を得られやすくなって、財務的な安定がもたらされるほか、従業員を含むあらゆるステークホルダーからの理解・協力が得られることにもなるのである。また、ESGマネジメントは、環境、社会およびガバナンスに関するリスクの適切な対処にもつながり、企業経営そのものの安定性を高めることに資する。

　長期的なチャンスやリスクを考慮し、経営の安定した企業で働く従業員にとっては、ビジネス環境の激変に適切に対応できる企業であることを知ることで、さらに安心して働き続けられることを意味する。

(2) 持続的な成長と収益性の向上

　企業が持続的な成長を遂げ、収益性を向上していくために不断のイノベーションを継続することが不可欠である。ESGマネジメントは、SDGsを事業目的に取り込むものであって、環境および社会に存在する課題に対して事業を通じて解決する活動を含む。そのため、事業活動を通じて課題解決をする過程において、新規事業の創出や新規商品開発といったイノベーションが促進される。ESGマ

ネジメントを通じて得られたイノベーションについては、特許出願等を通じて権利化することで、さらに経営資本が強化されることにもつながる。

サステナブルコミュニケーションは、投資家や金融機関だけでなく、求職者の評価にも大きな影響を与える。その結果、優秀な人材を採用する機会が増え、持続的な成長と収益性の向上に大いに貢献することとなる。ESGマネジメントを通じて、企業が収益を上げながら成長していけるということは、従業員にとっては賃金が増えたり待遇が改善することに直結し、かつ、社会から期待される企業で事業に参画していること自体が従業員の定着率を向上させて安定的な業務遂行が可能となる。

(3) 従業員の働きやすさ向上

多様な価値観・人材を活かすことは、ESGマネジメントそのものである。つまり、ESGマネジメントには、人材の多様性を尊重することが含まれている。具体的には、従業員の個性が尊重され個々の従業員の長所を最大限に活かすことを不可欠の構成要素としている。このことは従業員の働きがいに直結するものであり、ひいては従業員の企業に対するエンゲージメントを高めてより安定的・生産的な業務をもたらす源泉となり得る。

また、事業を通じた利益の追求が社会的課題の解決にもつながっているというメッセージは、従業員の仕事に対するモチベーションを高める効果（仕事への誇り）が期待でき、従業員の誇りにもつながる。このような企業では不正が起こりにくいという副次的効果も無視できない点である。

以上見てきたように、環境（Environment）、社会（Social）、ガ

バナンス（Governance）に存在する課題を認識し、その課題解決を事業に組み込むことの狙いは、企業で働く従業員が安心して活き活きと働くことを通じて企業が持続的・安定的に成長することにある。ESG マネジメントは、ともすれば企業の利益追求にブレーキをかける「コスト要因」と捉えられがちであるが、実はそうではなく、むしろ企業が長期的なリスクに対処しながら収益を上げて成長していくために必要なものであると理解することができる。

2 チャンスとリスクの認識

（1）企業経営が直面するビジネス環境の変化

　地球環境、社会・経済環境、企業の競争環境、雇用・働き方、個人のライフスタイルなど、近年の企業ビジネスを取り巻く環境は、目まぐるしく、かつ先行き不透明に変化している[4]。

　特に日本においては、少子化に伴う人口構造の変化により、日本国内の生産年齢人口の減少が見込まれている。このことは、企業にとっては、労働力の深刻な不足から優秀な人材の確保が困難となるといった懸念につながる。こうした状況において、企業が生き残り、持続的に発展していくためには、社会全体の生活様式や消費行動、働き方等が常に変化し続けるものであることを認識した上で、その変化に適切に対応しながら将来の自社の持続的な発展につながる経営と事業展開を図ることが不可欠である。

4　このようなビジネス環境の複雑さから未来予測が困難である現代社会の特性を示す、Volatility（変動性）・Uncertainty（不確実性）・Complexity（複雑性）・Ambiguity（曖昧性）の頭文字を取って VUCA と呼ばれることがある。

(2) 「SDGs ネイティブ」であるミレニアル世代・Z世代

　企業が将来にわたって持続的な発展をするためには、今後、消費者として、従業員として、あるいは投資家として企業を取り巻くステークホルダーの中核となる若い世代の価値観の変化を適切に捉える必要がある。この点、SDGs ネイティブと呼ばれる若い世代を意識しておく必要がある。SDGs ネイティブとして、1980 年代から1995 年頃までに生まれた世代である「ミレニアル世代」、1996年頃から 2010 年頃に生まれた世代である「Z世代」がある。

　SDGs ネイティブ世代の特徴として社会問題や環境問題に対する意識が高いことが指摘されている。これらの世代は、インターネットをはじめとするＩＴ技術を当然の前提とする環境で育っており、その生活に浸透している SNS を介して、今、世界中で起こっている環境破壊や経済格差といった問題に触れる機会が多い。そうした問題が拡大すれば、その影響を大きく被るのは自らの世代であるため、当事者意識が芽生えやすいことが考えられる。また、文部科学省の新学習指導要領（2020 年より小学校、2021 年より中学校、2022 年より高等学校で適用）には、「持続可能な社会の創り手」の育成が盛り込まれている。この指導要領に基づく教育を受けた世代は、2030 年には、社会に出て企業で活躍したり、企業の経営の中核を担う人材となる。「SDGs ネイティブ」と呼ばれるこうした世代のモチベーションを高め、その能力を発揮できる場を提供できる企業であることは、優秀な人材を確保できる企業の条件の一つであろう。

　経済産業省「SDGs 経営ガイド」では、「ミレニアル世代は、どのような社会貢献をしているかをビジュアルに感じられない企業では、あまり働きたくないと考えているようだ。皆が働く目的、消費する目的を求めており、それを可視化できない企業は投資家の

ESG 資金も引き寄せられず、ミレニアル世代の優秀な人材も採用できないという時代が来ているのではないか」としている。

　今後の日本社会では、労働人口の減少が継続し、必要な人材の確保が難しい時代が続くことが考えられ、ますます労働力不足が懸念される中、優秀な人材の確保は企業の重要な経営課題の一つである。

（3）SDGs や ESG マネジメントに取り組まないことのリスク

　企業にとって SDGs を事業目標に組み入れ ESG 視点で事業投資に取り組む ESG マネジメントは、大きなビジネスチャンスにつな

COLUMN

ミレニアル世代の価値観

　経済産業省「SDGs 経営ガイド」（2019 年 5 月）では、ミレニアル世代の価値観について、「ミレニアル世代（2000 年代初頭に成人・社会人になる世代）を対象にした調査では、『事業の成功は財務上のパフォーマンス以外でも測定されるべきだ』と考える人が 83％を占めた。『企業が達成すべきこと』に関する質問では、ミレニアル世代は、『地域社会の改善』や『環境の保護』なども重要と考えている一方、雇用主が『収益の創出』や『効率性の追求』などを優先事項と考えているとみており、大きなギャップが見てとれる」と記述している。

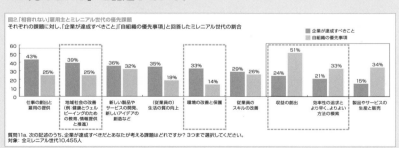

図2.「相容れない」雇用主とミレニアル世代の優先課題
それぞれの課題に対し、「企業が達成すべきこと」「自組織の優先事項」と回答したミレニアル世代の割合

質問11a. 次の記述のうち、企業が達成すべきだとあなたが考える課題はどれですか？ 3つまで選択してください。
対象：全ミレニアル世代10,455人

出典：経済産業省「SDGs 経営ガイド」
図の出典：デロイトトーマツ「2018 年デロイトミレニアル年次調査」より抜粋

がる一方で、これらを無視することは、ビジネスチャンスにアクセスすることができないだけでなく、大きなリスクとなる。

① 世界的に見直される規制や法令に対応できないリスク

　今後、SDGs開発目標の達成状況により、世界的に規制や法令の見直しが進む可能性がある。ESGマネジメントに取り組んでいない場合、こうした変化に対応できず、その対策のため余計なコストや税負担の発生、最悪の場合には事業自体の継続が困難となるおそれがある。

② ESG投資の観点からのリスク

　ESG投資やESG融資という動きが急速に拡大する中、ESGマネジメントに取り組んでいない企業は、投資や融資対象から外されるおそれがあり、資金調達面において不利な立場に立たされる。

　機関投資家の投資判断の指標である「ESG投資」では、投資判断材料として企業のサプライチェーン（原材料や部品の調達、製品の製造、在庫管理、配送、販売など、商品や製品が消費者の手元に届くまでの一連の過程）も対象としているため、投資家による投資対象となることに重点を置かない中小企業であっても、ESGマネジメントに取り組まない企業は、取引先の選定から除外され、事業の展開や継続が行き詰まるリスクがある。

③ 社会的な批判の高まり

　消費者の意識として、人や社会、環境に配慮した消費行動「エシカル（倫理的）消費」が広がりつつある。例えば、ファッション業界においては、オーガニック素材を使った衣料品はもはやブランドとして定着しており、国内外の衣料メーカーは競ってエシカル

ファッションに取り組んでいる。このように ESG マネジメントに取り組まない企業は、人や社会、環境に配慮した活動を行っていない企業と認識されるリスクがあり、企業経営がこのような社会の意識に対応しない場合、売上げの低下や、優秀な人材の確保が困難となるほか、さまざまな局面において企業にとって大きなダメージとなり得る。

第2章

ESG マネジメントの実践

第1節　**ESG マネジメントの全体像**

　ESG マネジメントは、まず現状を把握することから始める。自社の状況とその属する業界のビジネス環境を適切に把握しなければ実効性のあるマネジメントを実施することはできない。

　本書の ESG マネジメントでは、自社の現状を「経営資本」の把握という形で行う。自社の持つ経営資本について、製造資本、知的資本、人的資本、社会・関係資本、自然資本といった 5 つの非財務情報を含めて把握する。この点については、本章第 2 節 1 において詳しく説明する。

　次の現状把握として、「事業」について整理する。すなわち、社会課題との関係で自社事業の重要課題（マテリアリティ）を特定する。この点は、本章第 2 節 2 で取り扱う。重要課題（マテリアリティ）の特定においては、自社の経営上の優先順位とその事業を通じて解決することができる社会課題とを整理することとなるが、このように優先順位に沿って整理された自社事業（新規事業の創出を含む）について、SDGs の 17 のゴールや 169 のターゲットとの関連性を「自社の社会的役割」として固める。その検討の際には、従来行ってきた事業の延長線上ではなく、長期的視点で「あるべき姿」から逆算して「今何をすべきか」を検討するバックキャスティング思考が有用である。バックキャスティング思考による目標設定については、本章第 3 節で説明する。

　SDGs のゴール・ターゲットを見据えた事業の目標が固まった後には、その目標を達成するために自社のリソース（経営資本）を割り振る。企業経営において、一般に、これは事業に対する予算配分や人員の配置として行われている。ESG マネジメントでは、ESG

の視点を考慮して事業単位に経営資本を割り振る。この点は、本章第4節で述べる。

　その際、フォアキャスティングの考え方により作成された従来の事業計画との「ギャップ」を埋めるために、従業員による新しい発想・アイデアの創出を通じて得た情報を機密管理または知的財産権として権利化しつつ、既存事業の付加価値向上や新規事業の創出につなげて、売上げや利益を増やし、またはその活動の結果として自社に蓄積される経営資本を増やしていく。新しい発想・アイデアを知的財産として保護し、知的資本とする方法については本章第5節で詳細に述べる。

　以上が、本書におけるESGマネジメントの流れである。ESGマネジメントを通じて、企業は、その最も重要なステークホルダーの一つである従業員の負荷が減り「幸せになる」ことと、社会や自然環境に存在する課題を解決しつつ、企業の高収益・持続的成長が両立できるよう経営することとなる。

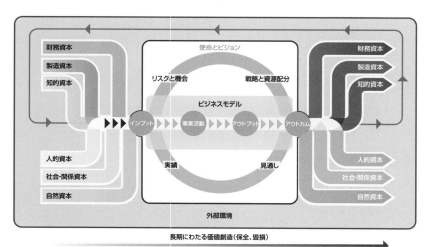

出典：IIRC「国際統合報告フレームワーク（日本語訳版）」より
図2-1　価値創造プロセス

　このような ESG マネジメントの実践方法は、国際統合報告評議会（IIRC）が示す価値創造プロセスの概念図 **（図 2-1）** とも一致する。

　事業活動においては、財務資本だけでなく、事業活動を開始する段階で企業が保有している非財務資本（製造資本、知的資本、人的資本、社会・関係資本、自然資本を指す。非財務資本については、次節参照）も事業活動の原資として投入される。そして、事業活動を行った結果として増強された経営資本は、その事業への再投資の原資となるだけでなく、企業全体にとって事業活動の成果（アウトカム）となる。これらのアウトカムのうち、財務資本以外は、非財務資本となる。

自社の状況把握～財務資本と５つの非財務資本

(1) 財務情報と非財務情報

　企業は、その経営状況を把握するために、財政状態や経営成績を示す財務諸表（貸借対照表、損益計算書、キャッシュフロー計算書、株主資本等変動計算書、およびその注記）を確認し、財務情報から得られる情報に基づいて経営計画を立案・実行することが一般的に行われている。例えば、企業経営において、財務諸表は次のように活用されている。

●**経営状況の把握とその改善**

　財務諸表に基づき自社の財政状態や経営成績を定量的に把握することができる。これを分析することで、自社の経営上の問題点や課題を洗い出し、解決策を講ずるなど経営改善に役立てることができる。

●**事業（出資や融資、取引）の拡大**

　自社の財政状態や経営成績に関する正確・客観的な情報を、株主・債権者・取引先などのステークホルダーに開示する。ステークホルダーは、財務諸表に基づき当該企業の信用度を判断する。例えば、投資家は、投資の対象とするか否かの判断、金融機関は融資の可否の判断に際し、財務諸表の内容を重視する。

　財務諸表によって示される情報は、企業が過去に実施してきたことの会計的な結果を示すものである。つまり、財務諸表は過去にな

された企業経営の成績を示すものであるから、財務諸表だけでは、例えば「この企業は今後持続的に成長・発展できるのか」あるいは「この企業は今後新規の価値を創造することができるのか」といった、企業が将来にわたって存続し成長することができる力を持っているか否かを判断するために必要な情報が、必ずしも十分に示されていないのではないかという疑問が生じてくる。

このような疑問に答えて、潜在的な価値を含めた本来の企業価値を適正に評価するためには、財務諸表に示される会計的な情報（これを「財務情報」という）に加えて、会計処理によって明らかになる財務情報としては把握できない情報（これを「非財務情報」という）を把握することが必要となるのである。

この点、国際統合フレームワーク（国際統合報告評議会（IIRC））は、資本を財務資本、製造資本、知的資本、人的資本、社会・関係資本、自然資本の6つに分類している。これらのうち、財務資本以外の5つの資本が非財務資本であり、これら5つの資本のいずれかに分類される経営・事業に関する情報が非財務情報である**（図2-2)**。なお、この「非財務資本」はまだ財務資本になっていないが、いずれ財務資本として顕在化するという意味で「未財務資本」という表現を用いられることもある。

(2) 非財務情報の開示の必要性

企業が有する非財務情報について、企業が自らその価値の評価を行うことは、企業サイドの一方的な「見積り」であり会計不正につながるとの指摘はあるものの、事業への投資にあたり経営資本を適切に配分するための意思決定、およびステークホルダーの理解を得るためにも重要である。また、開示を通じて価値評価の精度アップを図っていくことがむしろ現実的、かつ、妥当なステップであろう。

そして、上場企業に対しては、財務情報のみでは企業の成長性や、

経営の安定性と密接に関連する潜在的リスクの把握が困難であることから、財務情報に加えて非財務情報を把握し、これらを総合的に開示することが求められている。

非財務資本	非財務情報の例
製造資本	製品の生産やサービスの提供に際し、企業が利用可能な建物や設備、インフラなど
社会・関係資本	個々の組織内における、あるいはステークホルダー等との間での協調行動など、社会の効率性を高めることのできる「共通の価値や行動」、「信頼」、「規範」、「ネットワーク」、「評判」など
自然資本	水、空気、土地、森林や生物多様性、生態系の健全性など自然自体からもたらされる人類の利益になる機能（自然からの恵み＝「生態系サービス」）。
知的資本	特許権や著作権およびそのライセンスといった知的財産権、ノウハウや業務手順、暗黙知など、組織の知識に基づく無形資産
人的資本	組織を構成する人々の、組織の戦略を正しく理解して実践する能力、経験、イノベーションへの意欲、ロイヤリティ、リーダーのマネジメント能力など

図 2-2　非財務資本

資本市場・投資家等からの非財務情報の開示要請の例

- 「コーポレートガバナンス・コード」（2021 年 6 月 11 日改訂版）：「人的資本」と「知的財産への投資等」の開示の要請。

- 金融庁「投資家と企業の対話ガイドライン（改訂版）」：対話項目に「人的資本」を明記

- 2022 年 1 月 28 日、内閣府「知財・無形資産の投資・活用戦略の開示及びガバナンスガイドライン」（知財・無形資産ガバナンスガイドライン Ver1.0）は、「知財・無形資産」に関し「技術、ブランド、デザイン、コンテンツ、データ、ノウハウ、顧客ネットワーク、信頼・レピュテーション、バリューチェーン、サプライチェーン、これらを生み出す組織能力・プロセスなど、幅広い知財・無形資産を含む」内容について、投資家や金融機関等と建設的に対話することを目指す。

- 2022 年 8 月、内閣府「人的資本可視化指針」（第 1 章第 2 節 2 （3）参照）は、人的資本への投資は、競争優位の源泉や持続的な企業価値向上の推進力である「無形資産」の中核要素であり、社会のサステナビリティと企業の成長・収益力の両立を図る「サステナビリティ経営」の重要要素でもあるとし、多くの投資家が、人材戦略に関する経営者からの説明を期待している中、経営者、投資家、そして従業員をはじめとするステークホルダー間の相互理解を深めるため「人的資本の可視化」が不可欠としている。

(3) 製造資本

① 製造資本とは何か

　製造資本は、企業が製品の製造・サービスを提供するために利用することを目的として取得した（施設、設備、インフラ）などを指す。

② 製造資本が非財務資本にカテゴライズされる理由

　「製造資本」は、上記のように、施設や設備、機械、工具、インフラなどを指し、これらは、企業の生産プロセスを支え、製品やサービスを生成するために使用される。このように、「モノ」である製造資本が非財務資本と呼ばれる理由として、次のような事項が考えられる。

○プロセス・技術的な価値

　製造資本は、製造プロセスや生産技術の改善によって、その価値が向上することがある。新しい製造技術やプロセスの開発により、効率性や生産性が向上し競争力が強化される。このような側面は、製造資本を非財務資本とする要素と考えられる。

○生産能力がもたらす価値の創造

　製造資本が有する製品やサービスを生産するための能力は、企業の競争力や市場地位に影響を与える要素であり、製造資本は、物理的な形態の資源を組み合わせて製品やサービスを生み出し、それによって収益を得るというように生産活動によって価値を創造する。このような価値創造の能力は、財務資本としてだけでは測定できない価値を持つと考えられる。

○サプライチェーンとの連携

　製造資本である原材料や部品の加工や組立てプロセスは、他の産業との連携や相互依存関係により成り立つサプライチェーンの一環

として機能しており、これらの関係性も製造資本の非財務的な特徴であると考えられる。製造資本の非財務的な側面は、サプライチェーンの安定性と持続可能性、競争力の向上にも関連すると考えられる。

○**環境への影響**

排出物・廃棄物の発生、自然資源の使用など、製造資本は生産活動において環境への影響を持つことがある。このような環境への影響は、製造資本の非財務的な側面であると考えられる。

○**製品の品質・信頼性**

設備や機械、インフラといった製造資本の適切な保守や更新により、製品の品質や性能を維持することは、製品の品質や信頼性に直接的な影響を与え、顧客からの信頼を築き、企業の評価やブランド価値を向上させる非財務的な要素であると考えられる。

こうした要素は、製造資本は財務的な資産としてだけでなく、企業の持続的な発展を支える非財務資本としての特性と考えられる。

③ **非財務資本としての製造資本の価値を高めるための視点**

企業の生産プロセスを支え、製品やサービスを生成するために使用される施設や設備、機械、工具、インフラなど「モノ」である製造資本が、非財務資本として「どのように経営効率および効果を高めるか」という観点で捉えるためには、どのように製造資本を評価するかという視点が重要と考えられる。製造資本の評価にあたっての指標や手法として、次のような事項が考えられる。

○**製造設備の評価**

設備や機械などの固定資産の評価には、時価評価法（同じような設備や機械の市場価格を参考として行う評価）や、同等の設備や機械との交換によって得られる価値を評価する方法が考えられる。

○生産能力の評価

生産能力の評価には、例えば、現在の稼働状況や将来の需要予測を考慮することなどにより、製品の需要に対して適切な生産能力を有しているかどうかを評価することなどが例として考えられる。

○サプライチェーンの評価

原材料の調達や生産プロセスの連携、物流や配送の効率性など、サプライチェーンの効率性や信頼性、サプライチェーンのリスク管理などを評価の要素とすることが考えられる。

○在庫の評価

原材料や仕掛品、完成品などの在庫の時価や流通市場のほか、在庫回転率や滞留期間なども評価の指標と考えられる。

○技術力やイノベーション能力

技術力やイノベーション能力の評価には、研究開発の成果や、製造プロセスの効率性、品質管理の技術なども評価の要素と考えられる。

○従業員の技能とそれを統括する組織力

個々の従業員の能力や経験、教育訓練の実績を統合した組織の効率性や運営能力などを考慮する。

○各コストの評価

製品の生産コストや原材料の調達コスト、人件費などのコストの改善率などといった指標を評価の要素と考えることができる。

○製造プロセス効率の評価

生産ラインの稼働率や生産サイクルの所要時間、生産能力の最大利用率などがプロセス効率の評価の要素と考えられる。また、プロセス改善を行う手法として、リーン生産（ムダを徹底的に排除した生産方式）やシックスシグマ（例えば、同じプロセスを100万回実施した場合にエラーが生じる回数を3〜4回に抑制するなど、

ハイレベルの目標を達成するための組織的な取り組み）といった手法を導入していることなども評価の要素と考えることができる。

○品質管理の評価

　品質管理の評価には、品質指標や不良品率、顧客からのクレーム数、品質管理システムの導入や品質保証体制などが品質管理の評価の要素と考えられる。

○リスク要素の評価

　市場の変動リスク、原材料の供給リスク、競合他社など製造に影響を及ぼすさまざまなリスクの管理状況が製造資本におけるリスク要素の評価の指標と考えられる。

○環境面の評価

　環境負荷の評価や環境管理体制の評価、エネルギー効率や廃棄物管理など、製造資本の評価においては環境面の評価も重要な要素になると考えられる。

　企業の業種や特性、市場の状況に応じ、これらの評価指標の中から適切な評価方法を選択したり、適切に組み合わせたりして、製造資本の総合的・継続的な評価と改善を実施することが重要である。

(4) 社会・関係資本

① 社会・関係資本とは何か

　社会・関係資本は、信頼、協力、支援、相互依存、情報共有など組織や人の間の関係やネットワークを指す概念であり、社会的な関係やつながりによって形成される価値を表す。つまり、社会・関係資本は、組織や人が社会的なつながりを通じて得ることができる利益やリソースを示すものである。情報の流れを容易にし問題解決の促進に資するなど、特定の相手との良好な関係はビジネスや組織内

のプロセスを円滑に進める上で重要である。社会・関係資本の構築には、ネットワーキングや社会的なつながりが不可欠であり、信頼・協力関係の構築、情報の共有、相互の利益を考慮した行動などが、社会・関係資本の形成に寄与する。

② **企業は、なぜ、自社の社会・関係資本の評価が重要視されるのか**
　企業が、自社の社会・関係資本の評価を重要視される理由として、次のようなものが挙げられる。

○**企業の持続可能性**
　社会やステークホルダーのニーズへの適切な対応、社会的に責任ある行動等により、良好な社会的ネットワークを構築し、ステークホルダーとの信頼関係を作り上げることは、企業の信頼性や評判を向上させ、競争力を高めることができる。

○**リスクマネジメントの観点**
　社会・関係資本は、上述のように、企業の信頼性を向上させることにつながる。逆に、社会との良好な関係を構築しない、あるいはステークホルダーと対立する企業は、マイナスの口コミなどレピュテーションリスク（評判の損失や信頼性の欠如）その他の問題に直面し、ブランド価値の低下や事業への悪影響が生じる可能性がある。社会・関係資本を重視することで、リスクの早期発見や軽減、レピュテーションリスクの回避につなげられると考えられる。

○**イノベーションの創造**
　ステークホルダーとの協力関係を構築することができた場合、ステークホルダーからの評価や意見、識見を得ることで、市場ニーズや社会的な課題を把握することが容易になり得る。これに基づく新規の製品やサービスの開発への取り組みにより差別化や競争力の強化につながり得る。

○ブランド価値・競争優位性の向上

　社会への貢献活動や倫理的なビジネスを行う企業に対し、消費者や投資家は肯定的な評価をする傾向がある。社会・関係資本への投資により獲得した社会的な評判や信頼性は、企業のブランド価値や競争優位性の構築に寄与する。

○人材確保と従業員満足度

　企業が社会・関係資本の価値向上のために行う社会的責任や持続可能性への取り組みは、優れた人材を引きつける上で重要な要素となる。例えば、良好な社会・関係資本を構築した企業の評価は、多くの人々の耳目に触れ、当該企業で働きたいと希望する人材が増加する可能性が高まる。また、良好な社会・関係資本を持つ企業は、そのネットワークを通じ、優秀な人材の推薦を受ける可能性も高まる。そのほか、自社が社会的に貢献していることを誇りに思う従業員は、より意欲的に就業する傾向があるなど、良好な社会・関係資本の高い評価は、従業員の忠誠心と生産性を高めることにつながり得る。

　このように、企業にとって自社の社会・関係資本の評価は重要な要素である。企業は利益の追求のみにとどまらず、社会的なニーズやステークホルダーからの期待に応えるために、持続可能なビジネスを実践し、社会・関係資本の価値の向上を図ることが求められる。

③ 社会・関係資本の価値の向上のためにどのような活動が求められるのか

　企業が、その社会・関係資本を構築・強化するための行動の例として次のようなものが考えられる。

○ステークホルダーとのコミュニケーション

　顧客、投資家、地域社会、従業員などのステークホルダーと積極的なコミュニケーションを図り、その関心事や期待を理解し、それに応じた適切な取り組みを行うことで、関係の強化と信頼の構築を図ることが可能となると考えられる。

○社会的な課題への取り組み

　人権の尊重、自然環境の保全・保護、改善などの環境問題への取り組み、地域社会への貢献など、社会的な課題の解決や持続可能性や社会の発展に寄与するような取り組みを積極的に行うことは、社会・関係資本の構築や強化に資すると考えられる。

○パートナーシップによる、より影響力の大きな社会・関係資本の構築

　政府機関、NGO（紛争や貧困・飢餓、環境破壊や災害など世界で起こっているさまざまな国際的な社会課題に、利益を目的とせず取り組む民間組織。NGO は、Non-Governmental Organization の略称で、非政府組織と訳される）、地域団体等と連携や協力、支援やスポンサーシップの提供、共同プロジェクト等の推進により、より広範に社会的課題の解決を実現し得る社会・関係資本を構築できると考えられる。

○ソーシャルメディア等の活用

　社会・関係資本を構築し拡大するためのツールとして、インターネットやソーシャルメディアの活用が考えられる。オンライン上で専門家や他社等とのつながりを構築し、情報の共有や相互のサポートが可能となると考えられる。

○透明性の高い開示・報告

　ステークホルダーは、企業に対し、その活動の経済的な成果だけでなく、当該企業および社会の持続可能性に資する価値の創造を求

めている。企業は、上述のような自社の社会・関係資本の強化のための取り組みや成果、進捗状況等をステークホルダーに対し定期的に開示することによりステークホルダーの信頼を獲得し、社会的ネットワークのさらなる強化につなげることが可能となる。

　上記のような取り組みは、企業の社会・関係資本を強化し、持続可能な価値創造を可能とすると考えることができる。自社の社会的ネットワークの構築とその影響力の重要性を認識し、社会・関係資本を戦略や経営方針に統合することが重要である。

④ **社会・関係資本をどのように評価するか**
　社会・関係資本の維持・強化には、継続的な管理と評価を通じて、関係資本の健全性や効果を把握し、この資本の成長や維持に向けた戦略や活動を検討し、適切な管理体制の整備が重要である。
　社会・関係資本の具体的な評価方法は組織や目的によって異なる場合があるが、一般的には、次のような評価方法が考えられる。
○**ネットワーク分析の活用**
　ネットワーク分析とは、組織内や組織間のネットワークの各要因間の接続関係を可視化・指標化等することによって、根幹となる情報を抽出する分析手法を指す。インターネットやイントラネットといった物理面でのネットワークだけでなく、組織体制などの社会ネットワークも対象となり得る。各結節点の中継地点としての重要度や影響力の分析やコミュニティの特性、ネットワーク上に潜在するコミュニティの抽出なども分析することができるとされる。ネットワーク分析を用い、ネットワーク内の重要な接点や中心的な役割を特定し、組織内の情報の流れや意思決定のプロセスを把握することにより、社会・関係資本の強化につなげることが可能となる。

○マルチステークホルダーへのアンケート調査

　出資者、投資家、顧客、地域コミュニティ、取引先、従業員等といった自社が関係を構築するさまざまなステークホルダーに対するアンケート調査により、自社の社会・関係資本に関する関係者の意見や評価を総合的に考慮することが有益と考えられる。一般的な質問項目の例として、関係性の質や深さ、信頼度、満足度、共有された目標や価値観などが挙げられる。

○パートナーシップや顧客の定量的評価

　顧客や取引先との取引データの分析により、売上高・収益、購買・取引の継続率や口コミによる評価など、事業活動の成果や評価指標を使用して定量的な評価を行うことが考えられる。

○ベンチマークの活用

　ベンチマークは、性能・成績などを評価する手法の一つであり、他の同種の対象と同様の条件で求めた測定値を比較し、相対的な評価を行う手法、あるいは、その際に比較に用いる対象や指標である。ベンチマークを活用し、他社との差異を認識すること等により、社会・関係資本の強化・改善につなげることが可能となる。自社の属する業界におけるCSR（企業の社会的責任）報告書やサステナビリティ報告書に掲載されている指標やデータは、ベンチマークとして参考にすることができる社会的な指標や指標体系と考えることができる。

○外部の評価機関等による評価の活用

　外部の評価機関や専門家による専門的な見地からの評価や認証を受けることで、関係資本の価値や取り組みの信頼性を裏づけることが可能となると考えられる。

○ソーシャルメディア分析ツールの利用

　自社の活動に関するソーシャルメディア上の口コミ等を分析する

にあたり、ソーシャルリスニングツールを用いて、SNS や掲示板、ブログといったさまざまなソーシャルメディアに発信されたユーザーの声やトレンド、情報の監視・収集・分析をすることが可能である。こうしたツールを活用し、自社の評判や顧客の感情、競合他社の動向などを把握することで、自社の現在の活動が社会・関係資本の構築や影響力の拡大にどのように貢献しているかを把握することが可能となる。

　社会・関係資本の評価にあたっては、上記のような事項を、組織の目標や戦略に適合する形で組み合わせて選択し、定期的に評価を継続することで、社会・関係資本の健全性や効果を把握し、関係構築やビジネスの発展に活用していくことが重要である。

(5) 自然資本
① 自然資本とは何か
　水、空気、土地、森林や生物多様性、生態系の健全性など自然自体からもたらされる人類の利益になる機能（自然からの恵み＝「生態系サービス」）を資本と捉えて金銭評価して経済的に捉え、自然の価値を「見える化」する。「生態系サービス」を増加させるものを経済的な価値があるものとみなし、棄損するものを損失とみなす。

② 自然資本の重要性と持続可能な経済発展への影響
　空気、動植物、水、土、鉱物など、地球上の自然環境や生態系といった環境要素は、人々の生活や経済活動において不可欠な資源であり、企業は、これら自然由来の資源を活用してビジネスを展開している。これらの要素から生み出される、食物、水、健康、エネルギーなど人類の衣食住のあらゆる分野に及ぶ生態系サービス（「自

然」すなわち「生物多様性」や「生態系」がもたらす恩恵）の価値
は計り知れない。人類は、これらの要素を利用することはできるが、
自らの手で創造することは不可能である。人口の増加、気候変動や
汚染などでこれらの要素の存在が脅かされると人々の生活や経済活
動が持続できなくなる事態をもたらす。

○自然環境や生態系が直面する危機の影響

　多様な生物種が共存し、相互に作用することで、生態系は機能し、
生物の生存や繁殖、食物連鎖などが可能となる。自然のバランスが
損なわれると、生態系の機能が低下し、生物多様性の喪失や生態系
の崩壊が生じる可能性がある。

○食糧安全保障への影響

　生態系サービスは農業に不可欠の要素である。土壌の肥沃化や受
粉といった生態系サービスの機能不全は、作物の収穫量の減少を引
き起こし、食糧供給が脅かされる可能性がある。

○水資源の供給と水循環への影響

　森林や湖沼は雨水を貯え、水源地として機能し、河川や地下水の
水量を安定化させることに貢献する。また、植物は蒸散作用により
大気中に水蒸気を放出し、雨量や分布を調節する重要な役割を果た
す。こうした機能は農業、産業など人々の生活に不可欠である。森
林や植物の減少が及ぼす水不足や水質汚染といった問題への対策と
して、自然資本の保護と適切な管理が必要である。

○経済に及ぼす影響

　生態系サービスが受ける危機は、観光業や漁業など、生態系サー
ビスに依存する産業に直接的な影響を及ぼすほか、サプライチェー
ンや雇用に関して間接的にも悪影響を及ぼす可能性がある。

○自然災害の増加

　例えば、湿地や森林は洪水や地滑りを緩和し、河川の氾濫を抑制

する効果を持つなど、生態系サービスは自然災害を軽減する機能も有している。生態系サービスの機能の低下は、自然災害の発生の増加や被害の拡大を引き起こす可能性がある。

○**気候変動と地球温暖化**

　植物は、光合成により二酸化炭素を吸収し酸素を放出することで大気中の二酸化炭素濃度を調節している。また、海洋も、大気との間で二酸化炭素を循環しており、平均して二酸化炭素を吸収している。しかし、森林の伐採や海洋の過剰漁獲、石油や石炭の燃焼等により、大気中の二酸化炭素濃度が増加し、地球温暖化が進行している。気候変動の悪化は、生物多様性の喪失や生態系の変化などの環境問題を引き起こす。

　このように、生態系サービスは、農業、漁業、医薬品の開発、観光業などを含む、あらゆる産業部門にとって重要な要素であり、人類の生活や経済活動、産業において直接的・間接的な利益を提供している。また、自然環境の健全さは、人々の健康や幸福にも密接に関連している。生態系サービスの保護と持続可能な利用は、人類の未来のために重要な課題である。自然との調和を図りながら、経済発展を達成するために生態系サービスを適切に管理し、維持する責任がある。持続可能な社会の構築に向けて、生態系サービスの重要性を認識し、行動することが求められている。

③ **非財務資本としての「自然資本」の考え方の必要性**

　このような中、企業が、自社のビジネスにおいて生態系サービスをどれだけ利用しているかを定量的に把握したり、その影響を可能な限り抑制することに着目するといった、生態系サービスの価値を経済的な指標として考慮することが重要と考えられている。自然の

恩恵を適切に評価し、経済的な価値に転換して管理するという考え方である「自然資本」は、企業経営において自然環境を資本として位置づける考え方を指すものである。

④ **自社事業に関連する自然資本の評価方法**

次に示すような手順で自然資本の評価を行うことにより、自社事業による環境への影響を把握し、持続可能な経営に向けた具体的な取り組みを進めることが可能となると考えることができる。

ⅰ) **自然資本の理解**

第一に、自社の事業は、どのような自然資本に依存しているかを把握し、その重要性や影響を理解することが重要である。

ⅱ) **評価のためのフレームワークやツールの選択**

自然資本を評価するためのフレームワークやツールの例として、自然資本会計（Natural Capital Accounting）や環境利益評価（Environmental Profit and Loss）などを挙げることができる。自社のニーズや目的に適合するフレームワークを選択する。フレームワークを適用する際には、自然資本の量や品質、提供するサービスの評価など、評価したい要素に基づいて評価指標を設定する。

ⅲ) **データの収集および分析**

自社の事業に関連する自然資本に関するデータを収集し、評価指標に基づいて分析し、その評価結果により、環境への影響やリスクを把握し、持続可能な経営に向けた取り組みや改善策を立案し、経営上の意思決定や戦略策定に反映させる。

ⅳ) **継続的なモニタリングと評価、および改善**

自然資本の評価は一度だけでなく、持続的に行う。継続的なモニタリングと評価を通じ、自社事業に関連する自然資本の状態や変化

を継続的に把握することが重要である。定期的なデータ収集やモニタリング、再評価により、環境への影響を追跡し、持続可能な経営に向けた改善策を継続的に実施する必要がある。

ⅴ）ステークホルダーとの協力とコミュニケーション

自然資本の評価と改善は、単独で行うのではなく、自社のステークホルダーとの間の対話や意見交換を通じて、自然資本の評価と保全に関する共通の目標を確立し、連携して取り組むことが重要である。

⑤　自然資本の評価がもたらすメリットの例

○リスクの把握と軽減

自然資本を評価することで、例えば、資源の過剰利用や生態系の破壊による事業への影響など、自社の事業や活動が自然環境、そしてめぐりめぐって自社事業に及ぼすリスクを明確に把握することが可能となる。つまり、自然資本の評価結果に基づきリスクを把握し、当該リスクを軽減し、事業の持続性を高める持続可能な戦略や目標を策定することができる。

○環境負荷の低減・コスト削減

自然資本を評価することは、事業活動の中での、エネルギー効率の改善や廃棄物削減、再生可能エネルギーの導入などの具体的な取り組みに結びつきやすくなる。これにより、環境負荷の低減やコスト削減などが期待できる。

○環境への貢献の可視化

自然資本の評価に基づく活動により、持続可能な経営への取り組みや環境に対する意識の高さを顧客や投資家、関係者にアピールできるなど、自社の環境への貢献を可視化することが可能となる。これは自社のブランド価値の向上や市場競争力の強化にもつながり得る。

○ステークホルダーの理解と協力

　環境に対する取り組みや持続可能性に対する意識は、消費者や投資家、地域社会といったステークホルダーにとっても重要な要素であり、自然資本の評価に基づく活動を通じ、ステークホルダーと価値観を共有し、信頼関係を築くことに資する。

○イノベーションの促進

　自然資本の評価を通じ、自社事業にとって重要な活動を推進することは、経営層だけでなく従業員の環境への関心や意識を喚起し、環境保全への取り組みや新たなビジネスモデルの開発にもつながり得る。

　自然資本の評価により明確になる自然環境への配慮、保全のための取り組みは、企業の持続可能性と競争力の向上に不可欠な要素である。自然資本の評価を通じて、自社の事業活動による環境への影響を最小限に抑え、持続可能なビジネスモデルの構築を目指すことが重要である。

(6) 知的資本

① 知的資本とは何か

　知的資本は、組織的な、知識ベース（事実、研究成果、知識、ルールやノウハウ、業務上のベストプラクティス、手順等の情報が人間もしくはコンピュータが利用できるように整理して格納されたデータベース）の無形資産、特許・著作権、ソフトウェア、権利、ライセンスなどの知的財産権、顧客データ、暗黙知、プロトコル、企業理念などが該当すると考えられる。企業における、こうした知的資本の重要性は漠然と認識されているものの、投資家をはじめステークホルダーに、さらにわかりやすく情報発信することにより、知的

資本の重要性に関する理解が高まる。また、自社の知的資本がどのように価値創出に結びついているかを考察・評価することは、自社の保有する知的資本の価値を再認識し、その効率的な活用の促進等による利益の拡大につながり得る。

② 持続可能な企業経営に貢献する知的資本の重要性

　知的資本は、企業が、将来にわたって経営を持続するために、次の例に示すようなさまざまな側面において貢献をする重要な要素である。

○イノベーションと競争力

　上記①で解説したような知識や情報の蓄積である知的資本は、これらの知識・情報を有機的に結びつけ活用することで、新たなアイデアや発明の創造を促進するというように、イノベーションの源泉となる。企業が競争力を維持し、市場での差別化を図るためには、知的資本の活用が不可欠である。

○リスク管理

　市場の競争状況や顧客ニーズの変化、新興技術の進展といった環境変化や市場の変動はビジネスにとって大きなリスクとなる。知的資本を構成する、企業に蓄積された知識・情報・経験等は、これらの変化を把握し、必要な情報を収集・分析し、戦略的な意思決定を行う際に重要な要素である。さらに、企業は、教育研修の充実、情報共有など、知識の継続的な獲得と共有を通じ、環境変化に対応する能力を向上させることが可能となる。

○ブランド価値、信頼性の向上

　特許や商標、意匠といった知的財産権、独自の技術やノウハウを保有することは、顧客からの信頼や競争上の優位性を築く要素となる。さらに、知的資本を活かした社会課題への取り組みや環境保護

活動等は、企業の評判・信頼性を向上させることにつながり得る。

③ 企業が有する自社の知的資本の可視化

　企業は、自社の有する知的資本を可視化することで、強みとなる知識や権利、ブランド価値などを正確に把握することが可能となり、これは、戦略的な意思決定や将来の方向性の確立に不可欠である。また、知的資本の可視化により、企業の価値を適切に評価することが可能となる。これにより、投資家や株主に対して自社の競争力や将来への成長ポテンシャルを示すことに資する。

　企業が自社の知的資本を可視化する際には、次のような事項を考慮することが重要である。

○知的資本の特定

　特許、商標、著作権、取引上の機密事項、顧客リスト、ブランド価値など、企業が有するすべての知的資本を洗い出し特定する。

○評価と分類

　特定した知的資本を評価し、それぞれの重要性や価値を分類する。

○ドキュメンテーション

　特許や商標等の登録証明書、契約書など各知的資本に関する情報を正確かつ包括的にドキュメント化することで、知的資産の可視性を高めることが可能となる。

○継続的な管理と更新

　事業活動の進展や展開状況等に応じ、知的資本は絶えず変化することが想定される。新たな知的資本の特定や、既存の知的資本の変更など定期的な更新と継続的な管理、保護策の見直しを行うことで、知的資本の可視性を適切に維持することが可能となる。

④ **知的資本の評価**

　知的資本の適切な評価は、企業が資金を調達する際に重要な要素の一つである。そして、企業の知的資本の価値や将来の収益性の評価は、投資家が投資判断をするにあたって重視される判断材料に挙げられる。知的資本の評価を適切に行うことは、企業の資金調達や投資家との信頼関係の構築に資する。また、自社の知的資産の価値を明確に把握しておくことで、他の企業との提携交渉やライセンス契約において有利な条件を引き出すことにも資する。このほか、自社の知的資本の価値を正確に把握することで、それを適切に保護するための対策や戦略を立て、不正利用や侵害行為といったリスクを抑制することに資する。

　このような観点から、企業は自社の知的資本を適切に評価することが重要である。企業が自社の知的資本を評価する方法の例として、次のようなものが考えられる。

○**マーケット調査**

　同業他社の特許や商標の売買取引価格を参考にするなど、類似する知的資本の市場価値を調査し、その結果を基に自社の知的資本の評価を行う方法。

○**自社ブランドの評価**

　市場調査や顧客の購買意向といった情報の分析等により、自社ブランドの知名度や認知度、顧客の忠誠度などを評価する方法。

○**収益性の調査**

　知的資本に関連してもたらされる収入やコスト削減効果を分析し、将来のキャッシュフローを予測して割引現在価値を算出するなど、知的資本が企業の収益に与える影響を評価する方法。

○**再取得コストの調査**

　自社の現有する知的資本を、再度取得するとした場合に必要なコ

ストを評価する。こうしたコストには、研究開発や特許取得に要するコスト、ブランド構築にかかるコストやマーケティングに要するコストなどが含まれる。

○自社の顧客が有する価値の調査

　自社で有する顧客関連のデータ分析により、自社に対する顧客の生涯価値、顧客のリピート率、顧客セグメント、口コミなどを評価する方法。

⑤　企業が自社の知的資本を高めるための方法

　企業が自社の知的資本を高めるための方法として、次のようなものが考えられる。

○知的財産権の取得

　自社の有するノウハウや研究の成果が特許や商標等の知的財産権に該当するかを精査し、該当し得る場合には、積極的に出願をして知的財産権を取得し、保護することで、自社の独自性や競争力を高めることができる。さらに、他者からの模倣や権利侵害を防止し、知的資本を保護することができる。

○研究開発への投資

　研究開発部門の強化、外部の研究機関との連携、イノベーションへの取り組み等、研究開発活動を積極的・継続的に行い、新たな知識や技術の創出を図る。

○知的資本を高めるための組織文化の醸成

　教育・研修プログラムの実施、キャリア開発支援、情報共有を促進する等、知的資本を高めることを重要視する組織文化を醸成する。

○市場や競合情報の分析

　市場調査や競合分析の体制を整え、マーケットのトレンドや顧客のニーズ、競合企業の動向を把握する。こうして把握した情報の分

析とその適切な活用により、戦略的な意思決定が可能となる。

○**組織内コラボレーションの促進**

　定期的なミーティングやプロジェクトの共同推進などを通じ、組織内の異なる部門やチーム間でのコラボレーションを促進することで、異なる視点や知識の交換、情報の共有を促す。

　業界の特性や各企業の状況や目的に応じて適切な方法を選択し、あるいは組み合わせるなどカスタマイズして実践すること等により、知的資本を高め、競争力の強化、持続的な成長を図ることが重要である。

（7）人的資本

① 人的資本とは何か

　人的資本とは、社会や経済活動における人間の持つ技能、知識、能力、経験などの価値を指す。人的資本は、就業、教育、生活、個人の成長などにおける成功や目標の達成などに影響を及ぼす物質的ではない価値である。人的資本の例としては、次のような要素が含まれると考えられる。

○**教育、技能と専門知識、経験と実践、自己啓発と学習意欲**

　良質な教育は、人がより広範な知識や技能を得ることを可能とし、就業市場における個人の競争力を高める。教育は、知識や技能を習得するための重要な機会であり、特定の技能や知識を持つ人々はそれに対応する分野で競争優位性を持つことができる。そして、豊富な職務経験や実践は、専門技能の発展や問題解決能力の向上、効率性の向上に役立つ。さらなる自己成長のために積極的に学習し、新しい知識やスキルを獲得し続ける意欲を持つ能力が重要である。

○**コミュニケーション能力、チームワーク能力、リーダーシップ能力、エモーショナルインテリジェンス、コンフリクト解決能力**

　人は他者とのコミュニケーションや連携を通じてさまざまな機会を得ることができる。効果的なコミュニケーションには、明確に意見を伝えたり、他者との協力やチームワークを円滑に進めるためのコミュニケーションスキルが必要となる。また、他者を指導し、組織やチームを効果的に統率するリーダーシップ能力は、組織の成功に大きく貢献する。ほかにも、エモーショナルインテリジェンス、すなわち自己理解や他者との関係構築の場面における感情・情緒に対する理解や適切な対応ができることも大切な能力である。さらに、意見の対立や利害の衝突が生じた場面で、調停や解決策を見いだす能力であるコンフリクト解決能力は円滑な人間関係の構築に資する。

○**イノベーション思考、創造性と革新力、クリエイティビティ**

　既存の枠組みにとらわれず、創造的な思考や新しいアイデア、従来にない解決策を生み出し、現状を改善する能力、革新的な解決策を見つける能力は、組織の競争力を向上させ、社会の進歩やイノベーションに貢献する。

○**忍耐力と柔軟性、問題解決能力と問題解決スキル**

　困難な状況に対する忍耐力、そうした状況に柔軟に対処する能力も人的資本に含まれると考えられる。変化に適応し、困難な状況を乗り越えるためには、忍耐力と柔軟性が重要である。さらに、困難や障害に対して効果的な解決策を見つける問題解決能力も重要な人的資本であり、創造的な思考や分析力、判断力などが問題解決スキルの一部である。

○**モチベーションと目標設定能力**

　個人が目標の達成に向けて努力し続けるためのモチベーション、適切な目標を設定しその達成に向けて計画を立て実行する能力も人

的資本に含まれる。

○自己管理能力、プロジェクト管理能力、マネジメント能力、リスク管理能力

　目標の設定、時間・スケジュールの管理、ストレス管理、行うべきタスクの優先順位の設定、予算管理、リソースの配分など、自身の行動やプロジェクトを効果的に計画し実行するために重要な能力である。さらに、人やリソースを効果的に組織し、目標達成に向けて計画・実行することを可能とするマネジメント能力はリーダーシップやプロジェクト管理と密接に関連する。また、ビジネスやプロジェクトにおいて生じ得る予期せぬリスクに対処するためには、リスクを評価し適切な対策や管理策を立案するリスク管理能力が重要である。

○グローバルな視野と異文化の理解

　グローバルな経済活動が不可避である現代のビジネス社会において、異なる文化やバックグラウンドを理解し、国際的な視野を持つことを可能とする異文化理解や国際的なコミュニケーション能力は、人的資本の価値を高める。

○情報リテラシー、プライバシーとセキュリティ意識、ネットリテラシー、デジタルリテラシー

　情報を適切に収集・評価し、必要な情報の活用を可能にする情報リテラシーは迅速な学習や意思決定に不可欠である。そして、インターネットの活用が不可避な現代社会において、ネットリテラシーは非常に重要な能力である。インターネットの普及により情報へのアクセスは容易になった反面、同時にデマや誤情報も拡散される可能性がある。ネットリテラシーは、情報化社会において信頼性の高い情報を見極める能力、自分自身の情報を適切に保護しオンライン上で安全に活動することを可能にする能力、個人情報の保護やセ

キュリティに対する意識や適切な対策を行う能力を身につけること
を意味する。さらにデジタルリテラシーは、デジタル技術やツール
を理解し活用する能力である。デジタル環境における情報セキュリ
ティの重要性を理解し、適切な行動を取ることが求められる。

○サステナビリティへの意識

　自然環境に対する配慮や社会的責任を果たすことの重要性を認識
し、持続可能な社会や環境に貢献する意識を持ち、その意識に基づ
く行動をする能力を持つ人材が求められる。

② **人的資本の重要性**

　上記①において列挙した事項は人的資本の例の一部であり、人的
資本を構成する要素はその他にも多く挙げることができる。こうし
た人的資本は、次のような理由から、企業の生産性を左右する最も
重要な資源であると考えられる。

○事業の生産性

　適切なスキルと経験を持つ従業員は、高品質な仕事をより効率的
に行うことができる。また、継続的な教育やトレーニングを通じて
スキルを向上させることで、生産性をさらに向上させることが可能
となる。

○イノベーションの促進

　イノベーションは、企業の競争力を維持し成長させるのに不可欠
な要素である。創造的で革新的なアイデアを持ち、イノベーション
を実現する能力のある従業員を確保した企業では、新しいアイデア
や解決策を生み出す文化が育まれ、イノベーションが促進される。

○顧客満足度

　企業の顧客との接点である従業員の知識やスキルが高く、接客態
度が優れていれば、顧客との対話やサービスの質が向上し、顧客満

足度が高まり得る。顧客満足度の向上は、顧客ロイヤルティや企業の評判の構築、競争上の優位性につながる。

このように人的資本は、企業の業績や競争力に直接的な影響を与える重要な資源である。企業は人的資本の強化、価値の向上に積極的に取り組み、従業員の能力やモチベーションを高めるための適切な環境を整備することが求められる。

③ 人的資本の特性

一般に、経営資源の主要な構成要素は「ヒト・モノ・カネ」であると理解することができる。経営資源の構成要素である「ヒト・モノ・カネ」が企業の事業活動を通じて新たな価値を創造する基本的なプロセスは、ヒトが現有のモノを活用して新たなモノと付加価値を創造し、その結果としてカネが生み出されるという流れとして理解することができる。

そして、ここでいうヒト・モノ・カネを、国際統合報告評議会（IIRC）により示された６つの経営資本に対応させてみると、**図2-3**のよ

図 2-3　経営資本とヒト・モノ・カネ

うに整理することができよう。

　企業における「価値創造」のプロセスは、**図 2-3** で示すように「ヒト」を起点とし新たに生み出され、最終的には「カネ」として財務資本となり、その結果は財務諸表に示されることとなる。

　ビジネスにおける新たな価値を創造するための源泉は従業員等の自然人（ヒト）であるが、個々の従業員が持つ知識・スキル・能力等（これら Knowledge、Skill、Ability を総称して「KSAs」と呼ぶことがある[5]）の如何によって新たに創造される価値の多寡が決まる。つまり、人的資本とは、自然人である従業員そのものを指すのではなく、この KSAs を指すことに注意が必要である。

　自社が供給する商品の品質やサービスの質を高めたり、業務プロセスを見直してそのコストを下げたりする「新しい発想」を生み出

図 2-4　KSAs

5　具体的には「経済的アウトカムの達成に関連する個々人の KSAs（知識、スキル、能力、その他特性）」（2013 年 IIRC）を「人的資本」と定義している。

す知識等を人的資本と捉え、従業員の知識等を充実させたりそのモチベーションを高めたりすることに資する社内制度や人材育成の仕組みを導入することが人的資本への投資となる。

④ 人的資本により生み出された「新しい発想」と知的資本

　従業員が生み出した企業収益を向上させる新しい発想・アイデアは、例えば社内文書や社内イントラネット上の情報共有ページ（社内掲示板等）において図表等や文章でまとめておき、その新しい発想・アイデアを他の従業員にも共有しておくことが重要である。従業員個人が生み出した発想・アイデアは、その従業員が知っているというだけでは企業の人的資本ということはできない。企業として、創造した新しい発想・アイデアを共有し、経営資本として活用できるようにする必要があるのである。

　この新しい発想・アイデアは、競合他社との間の競争を優位にし、企業が成長するのに役立つ重要な情報である。したがってこれらの情報は、厳格に秘密管理し、または所定の手続きを経て特許権等の知的財産権を取得することで法的保護を受けられるようにしなければならない。企業内の機密情報は、不正競争防止法に定める「営業秘密」と認められる場合には、それが無断で外部に流出したときにその無断使用を差し止めたり損害賠償を請求したりすることができる。また、営業秘密の侵害には刑事罰が定められていることから、

秘密管理性	秘密として管理されていること
有用性	事業活動に有用であること
非公知性	公然と知られていないこと

図 2-5　営業秘密と認められるための要件（不正競争防止法２条６項）

営業秘密流出を一定程度抑止することも期待できる。

　このように、人的資本を活用して生み出された新しい発想やアイデアを、秘密管理により営業秘密としたり、特許出願等を通じて権利化したりすると、これらは企業の知的資本となる。

　その上で、その用途によって、より適切な経営資本である「製造資本」、「社会・関係資本」、「自然資本」に区分・記録するのである。なお、その際、いずれの経営資本にも区分できない場合、あるいは、いずれの経営資本にも共通で利用できるものを「知的資本」に区分することがより実態経営と符合するので、そのような区分が望ましい。そして、自社の経営資源である６つの経営資本が事業に投入（インプット）され、事業を通じて得られたリターンとしての売上げ・利益（アウトプット）と、資本の増強としての現れ（アウトカム）が新たな経営資源（６つの経営資本）となって次期の事業投資に回されるというサイクルを繰り返していくこととなる **（図 2-1** 再掲）。

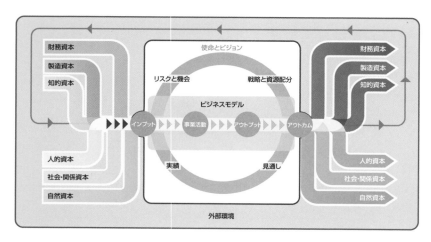

出典：IIRC「国際統合報告フレームワーク（日本語版）」より
（再掲）図 2-1　価値創造プロセス

⑤ 人的資本の価値の開示の重要性

　6つの経営資本（財務資本および非財務資本）のうち、企業の資本として評価されるのは、従来、カネ（財務資本）として認識・交換・保存されたものだけであった。しかし、潜在的な価値を含めた本来の企業価値の評価を適正に行うためには、財務情報を把握するのみでは不十分であり、非財務情報も含めた情報の総合的な把握と開示が必要である。そして、すでに述べた通り、ヒトが価値の源泉であり、その客体である成果物がモノであることから、企業の成長発展の原点は、ヒト（自然人そのもの）を指すのではなく、KSAsと考えるのが適切である。

　企業は、次の観点から、自社の現有する人的資本の価値をステークホルダーに開示することが重要である。

○投資家・株主の信頼獲得

　人的資本を適正に確保し、育成し、維持しているか否かは、企業の将来にわたる持続可能性に大きな影響を及ぼすものであり、投資家や株主にとって、投資判断をする際の重要な情報である。企業が自社の現有する人的資本の価値を開示することは、投資家や株主の信頼を獲得し、投資や資本調達の機会を増やすことに資する。

○組織の競争力の向上

　優れた人的資本を保有する企業は、競争上の優位性を獲得することができる。自社の保有する人的資本の価値を開示することにより、企業は自社の競争力、市場における地位を示すことができる。

○従業員のモチベーションと関与の促進

　企業が、自社の人的資本の価値を開示することにより、当該企業で就業する従業員は、自分たちの能力や成果が企業から認められ評価されているということを認識し、これにより、モチベーションが向上し、企業のパフォーマンスに寄与することが期待される。

○人材獲得や採用への寄与

　企業が、自社の人的資本の価値を開示することは、同時に、自社が魅力的な雇用主であることを示すことにもつながり、その結果、優れた人材をさらに引きつけることにもつながり得る。また、自社の人的資本の価値の評価を公にすることで、優秀な人材の関心を引くこと等、人材の採用に資する。

　上述の、投資家や株主に対する信頼性、競争力、従業員のモチベーションの向上、優秀な人材の獲得などは一例であるが、企業が自社の有する人的資本の価値を開示することは、企業の持続可能性に大きな影響を及ぼす要素である。

⑥ 開示すべき人的資本に関する指標の取捨選択

　人的資本に関する指標を開示するのは、開示すること自体を積極的に経営戦略に活用するためである。こうした観点から、いずれの情報を開示するかの選択にあたっては、自社の経営ビジョンや最も解決すべき組織・人事課題に紐づける必要がある。ここで注意を要するのは、開示すべき情報の取捨選択のパターンやその背景にある戦略ストーリーは、企業の独自性や優位性を表すコーポレート・アイデンティティを体現すると同時に、営業秘密として秘匿すべきもの等、内容によっては開示することで企業価値を棄損するものもあるため、正しい開示対象を選定することはまさに企業戦略そのものであるという点である。

⑦ 現有する自社の人的資本の価値はどのように評価するか

　上記⑤において、企業が自社の現有する人的資本の価値をステークホルダーに開示することの重要性を解説したが、その開示にあ

たっては、現有している人的資本の価値を適切に評価することが重要である。企業が現有する人的資本の価値を評価する方法として、次のような事項が考えられる。

○人的資本市場価値に基づく評価

同業あるいは類似の業界や職種の給与水準や、市場における需給バランスを考慮し、従業員の能力や経験、専門知識に基づいて評価する。

○従業員数の推移

成長している企業では、従業員数が増加する傾向がある一方、従業員数が減少している場合は、組織の縮小や効率化の可能性があることを示唆し得る。ただし、単に従業員数の増減だけではなく、採用される従業員の質や能力も重要である。

○退職者数の推移

退職者数の水準が低いことは、従業員の満足度や忠誠心の高さを示し企業の成長にとって有益な要素となる可能性がある一方、その水準が高いことは、人材の定着力や労働環境の改善を必要としている兆候となることがある。定着率が低い企業は、採用や人材育成の戦略を見直し、人材の流出を減らすための措置を検討することが重要である。

○投資収益率に基づく評価

従業員の教育やトレーニング、経験値の機会など企業が従業員に対して投資した費用と、その費用に対する収益を比較して評価する。

○リスク管理に基づく評価

業務の推進に重要な専門知識や経験を持つ従業員の退職により、企業の業務継続性や競争力にどの程度の影響があるかを考慮する。

○多様性

従業員の多様性、包摂性、平等性に対する取り組みと成果の評価

である。企業が多様な人材を採用し、包括的な環境を提供している
かどうかを考慮する。ジェンダー多様性、文化的多様性、性的指向
の多様性、障害の有無の多様性、年齢の多様性、能力・スキルの多
様性など、多様なバックグラウンドを持つ従業員が存在することで、
クリエイティビティや知識の融合が生まれ、異文化間の理解や市場
の多様性への対応力、異なる視点やアイデア、創造性やイノベーショ
ンが促進され、企業の成長や問題解決能力が向上する可能性がある。
包括的な雇用環境を提供することで、企業は多様な人材を引きつけ、
才能を活かすことが可能となる。

○ウェルビーイング、従業員の健康、福利厚生の評価

　従業員の働きやすさ、ストレス管理、ワークライフバランスの向
上に対する貢献度、従業員の健康状態や福利厚生プログラム等を評
価することにより、従業員の身体的、精神的、社会的な健康と幸福
度を評価する。

○ワークライフバランス

　労働時間の適正な配分、働き方、休暇制度の充実など、従業員が
仕事とプライベートの両方を調和させることができる環境が整って
いるか、従業員のワークライフバランスの実現度を評価する。

○スキルと業務のマッチング

　従業員が、自身のスキルを存分に活かすことのできる、適切なポ
ジションに配置されているかどうか、従業員のスキルと業務の適合
度の評価である。スキルと業務マッチングの適正度が高い組織は、
従業員の能力を最大限に引き出し得る。

○労働生産性

　従業員が特定の期間やプロジェクトで生み出した成果物や付加価
値を評価する。生産性の高さは、リソース活用の最適化や効率的な
業務遂行を示す。また、労働時間に対する成果や生産性を評価する

労働時間効率も重要である。労働時間効率では、従業員が実際の労働時間内にどれだけの仕事やタスクを達成しているかが考慮される。

　上記の⑦で挙げた10項目の事項は、あくまで一例であり、業種や目標によって異なり得る。企業は、人的資本の評価を行うにあたり、自社の状況や目標に適した評価手法を選択することが重要である。

　人的資本の特性ごとに整理することができる個々の評価指標は、SDGsの17目標と関連づけることができる（**図2-6**）。次項2において後述するように、企業の重要課題（マテリアリティ）を特定するにあたって、事業の長期的な目標として関連するSDGs目標を紐づけることとなるため、ここで人的資本の特性ごとに関連するSDGs目標を整理しておく。これにより、企業が事業を通じて行うSDGs目標達成の戦略と、人的資本への経営資源の投入の戦略との整合性が図られることとなる。

　このような観点から人的資本を整理することにより、自社の優位性や解決すべき課題が明らかになる。自社の独自性・優位性や注力

人的資本の特性	評価指標の例	主に関連するSDGs目標
成長性	従業員数、入社数、退職者数、採用に要する平均期間、従業員数の推移など、組織の成長度合いを示す	目標8
新陳代謝	社内の異動比率、平均勤続年数など、組織におけるヒトの動き・流れを示す	目標9
健全性	産前産後休業・育児介護休業の取得率、年次有給休暇の取得率、ワークライフバランスなど、組織の健全度を示す	目標3
収益性	給与等の人件費、採用や研修等にかかるコストと、そのコストからのリターンとの牽連性	目標4
生産性	労働分配率、労働生産性	目標9、目標12
多様性・公平性	障害者雇用率、管理職・従業員のジェンダー比率、年齢・年代比率、同一労働同一賃金など	目標5、目標10

図2-6　人的資本の特性と評価指標例、SDGs目標との関連性

すべき組織の戦略をより明確に訴求・評価することが可能となるとともに、開示情報としての説得力も高められる。

　人的資本の評価指標を取捨選択するに際しては、次のような妥当性検証の観点を踏まえた各指標の目標値を設定することが重要である。

①当該目標を達成することで、自社の描く組織戦略やビジョンは実現できるのか
②当該目標は、自社にとって達成可能なものか
③具体的に、どのようにして当該目標を達成するのか

　人的資本の把握と開示には、企業に属する従業員の「ウェルビーイング」（心身が健康で社会的にも満たされた状態）を高める効果も期待できる。上記の人的資本の特性には「ウェルビーイング」の基本要素である「健全性」、「公平性・人権保護」が含まれている。したがって企業が人的資本開示を行うことは、従業員のウェルビーイングに対する説明責任や向上に対するインセンティブにつながり、その結果、アウトカムとして経営資本価値が高まることを期待することができる。

　つまり、「ウェルビーイング」に関する独自指標を高めるための投資が人的投資であり、その結果「モノ」の創出が促進されることによって最終的には企業価値が上がるというリターンを得る、ということになる。これが、人的資本経営の根幹であり、ESGマネジメントにおける目的にも直結することなのである。

　以上、非財務資本のうち、人的資本に関する説明を行ったが、この人的資本（個々人のKSAs）が結集された結果である知的資本に

2 自社を取り巻く社会課題の特定と 重要課題（マテリアリティ）の決定

(1) 重要課題（マテリアリティ）の意味

　重要課題（マテリアリティ）[6] とは、社会の課題・期待と自社が置かれている立場・役割との関係を明確にし、長期的な視点から事業機会の模索と事業リスクの把握・回避・解決を考慮して決定した事業の優先順位である。重要課題（マテリアリティ）は、事業を取り巻く経済・社会・環境といった幅広い範囲のすべてについて、事業機会と事業リスクをしっかりと認識して経営していることを示すものであり、企業のステークホルダー（株主、従業員、機関投資家、取引先、顧客、地域社会など）が関心を持って注視するものである。

　したがって、企業は、決定した重要課題（マテリアリティ）をステークホルダーごとに最適化された方法で公開・開示すること、すなわちサステナブルコミュニケーションが極めて重要である。特に、決算等の財務情報は過去の事業活動の結果を示すものであるのに対して、重要課題（マテリアリティ）は、これからの課題であり、企業が自社の業界動向、自社の事業と社会との関わりをどのように見ているのか、そして、どのような経営をしていくのかという今後の活動の方向性を決定するものである。そして、企業価値の表れである株価の動向にダイレクトに影響することから、投資家が最も重視するものの一つである。

　重要課題（マテリアリティ）の分析・決定にあたってポイントと

6　重要課題（マテリアリティ）については、企業によって「重要課題」、「優先課題」、「マテリアリティ」、「サステナビリティ課題」等とさまざまな名称で呼ばれている。

なるのは、①自社の経営理念・経営ビジョンに密接に関連する社会的な課題や期待を明確にすること、②現在行っている事業のほか、①で明確化した社会課題や期待について、事業機会と事業リスクの観点から想定される将来のあるべき姿からバックキャスティング思考によって策定する計画（この計画を本書では、「未来構想計画」と呼ぶ）や付加すべき新規事業について検討し、すでに開示した事業計画の見直し等を含む事業遂行上の課題を洗い出すこと、③このように明確となった社会的な課題や期待（①）と事業（②）との優先度を分析することによって事業の優先順位を確定し、そして、社会における自社の位置づけ・役割と自社事業を通じて実行すべき当該事業の推進計画上の項目をマトリックス化することである。

重要課題（マテリアリティ）分析・決定のポイント
①自社の経営理念・経営ビジョンに密接に関連する社会的な課題・期待の明確化
②現事業および未来構想計画・新規事業についての検討による、事業遂行上の課題の洗い出し
③社会的な課題や期待と事業との関係から、優先的に実行すべき項目をマトリックス化

（2）自社を取り巻く社会課題の特定

　企業に関連する社会的な課題や期待は多岐にわたるが、SDGsには17の目標とこれらに対応するターゲットが掲げられており（**図2-7**）、しかもSDGsは広く認知されている地球規模の課題であるから、SDGsの目標とターゲットを重要課題（マテリアリティ）の候補として考えるとよい。重要課題（マテリアリティ）を決定する目的の一つがサステナブルコミュニケーションにあることを考えれ

注）SDGs の 17 目標のそれぞれのターゲットは、巻末参照

図 2-7　SDGs の 17 目標

ば、すでに広く周知されている SDGs と事業との関連を示すことが合理的だからである。また、SDGs 達成と無関係な事業はあり得ず、ただ、その点の認識がないだけであるという視点を持つことが重要である。逆に、SDGs 達成に反するような事業は社会からの支持を得られず、避けるべき事業である点も自覚する必要がある。

　SDGs の目標として示される地球規模の課題の中には、事業と密接に関連するものもあれば、自社並びに自社が属する業界とは関連の薄いものももちろんある。そこで、まず SDGs の目標やターゲットの中から自社の経営理念・経営ビジョンと関連の深いものを選定することが、この段階で最も重要なことである。

【経営理念や経営ビジョン等の考え方】

　企業経営の原点となるのが「経営理念」であり、その理念に基づいた自社の将来あるべき姿は「経営ビジョン」として示される。そして、「経営ビジョン」の実現方法やその方向性を示したものが「経営戦略」である。さらに経営戦略を具体的な計画に落とし込んだも

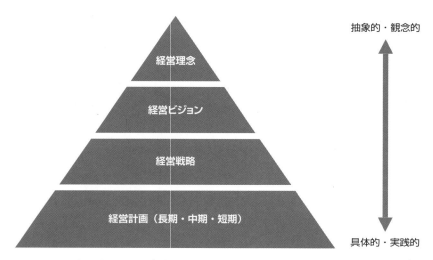

図 2-8　経営理念や経営ビジョン等の関係

のが「経営計画」である。

　一般にこれらの関係は、**図 2-8** のように示すことができる。

（3）事業機会と事業リスクから事業に存在する課題を洗い出す

　現に行っている事業の企業経営上の課題、例えば売上げ低下、原価の増加、当該事業に従事する従業員の時間外労働の増加などはすでにある程度把握されているであろう。その反面、従業員の業務の負荷の状況や地域との関わりにおける影響等については、これまでほとんど意識されていなかったのではないだろうか。課題を洗い出すにあたっては、これらの点を徹底的に分析・検討すること、その上で事業のサプライチェーンを見直すことが最も重要であり、有用である。

　企業は、商品やサービスを提供するために、さまざまな事業活動を行っている。例えば製造業では、商品の製造・販売を通じて、原

図 2-9　サプライチェーンの例

材料・部品の「調達」→製品の「製造・加工」→「保管・在庫管理」→「配送・物流」→「販売」→「消費」という過程（サプライチェーン）を経る**（図 2-9）**。

　サプライチェーンごとに整理することで、各プロセスにおける活動に関する事業機会と事業リスクに関連する事項を明確にすることができる。事業に存する課題を洗い出すに際し、サプライチェーンの過程ごとに関連する SDGs をも考慮すると、SDGs の観点から事業のリスクと機会を同時に洗い出すことができる。サプライチェーンの過程ごとにリスク要因と事業機会の要因となる事項とそれぞれに関連する SDGs の目標を整理すると**図 2-10** のようになる。

　ここで、サプライチェーンとは、単に当該事業のプロセスを見るのみではなく、その過程で、価値が上がるわけであり、むしろ、バリューチェーンとしての「価値が上がっているか」という視点で見直すことが極めて重要である。サプライチェーンは、バリューチェーンの分析・検討の前提として不可欠なものであるが、場合によってはサプライチェーンにおけるプロセスの一部をカットするなどといった大胆な見直しが必要である。サプライチェーンの見直しは、価値を上げるために行うものだからである。

サプライチェーン	リスク要因	事業機会の要因	SDGs
原材料・部品の「調達」	・森林の伐採・破壊 ・生物多様性喪失 ・海洋汚染 ・強制労働 ・児童労働 ・貿易不平等 　など	・環境に配慮した原材料の調達（グリーン調達） ・生産者の人権に配慮した原材料調達 ・フェアトレード品の利用　など	目標 1 目標 10 目標 14 目標 15 目標 17 など
製品の「製造・加工」 「保管・在庫管理」 「配送・物流」 「販売」	・温室効果ガス排出 ・有害物質排出 ・水資源への影響 ・汚染水排水 ・過重労働 ・ハラスメント ・交通災害 ・廃棄物の発生 ・騒音・振動 ・労働災害　など	・クリーンエネルギーの導入 ・ダイバーシティ推進 ・ワークライフバランスの実現 ・適切な賃金水準 ・労働安全衛生 ・快適な職場環境作り ・業務効率の向上 ・需要予測精度の向上による適切な在庫管理 ・エコカーの導入 ・簡易包装　など	目標 3 目標 5 目標 6 目標 7 目標 8 目標 9 目標 12 目標 13 目標 17 など
「消費」	・過剰包装 ・廃棄物の発生	・顧客満足向上 ・快適な暮らし ・脱プラスチック ・リサイクルの推進 　など	目標 5 目標 12 目標 13 など

図 2-10　サプライチェーンと SDGs の目標

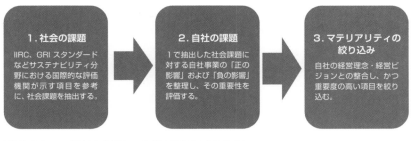

図 2-11　マテリアリティの絞り込みプロセス

(4) 自社の重要課題（マテリアリティ）を決定する

　前述した(2)において選定した社会課題(SDGsの目標やターゲット)の中から、社会や自社のステークホルダーにとっての重要性について高・中・低といった重みづけをして整理する。次に、前項（3）で洗い出した事業遂行上の課題について、経営理念、経営ビジョンとの関連性や事業との結びつきの強さなどを考慮して、課題の重要度に応じて、例えば高・中・低といった三段階で重みづけをする**（図2-11）**。

　そして、社会やステークホルダーにとっての重要度と自社にとっての重要度を**図 2-12** のようにマトリックスとして整理し、重要課題（マテリアリティ）を決定することとなる。

　ここで、重要なポイントは、そのことによって、企業にとって最大のステークホルダーである従業員の労働負荷が改善されるのか、従業員の「やりがい」にプラスになるように実行するための本質的な課題は何かなどを確実に拾い上げられるかどうかである。

　このようにして決定された重要課題（マテリアリティ）は、**図2-13** に示されるように、事業機会と事業リスクのいずれに関わるかを再度整理し、それぞれの重要課題（マテリアリティ）とステークホルダーとの関連を明確にした上で、後述するサステナブルコ

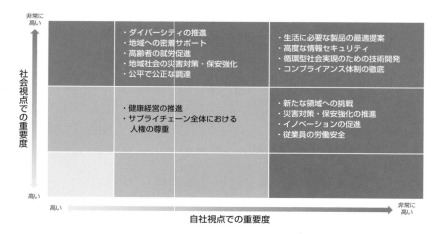

図 2-12　重要課題（マテリアリティ）をマトリックスで整理する

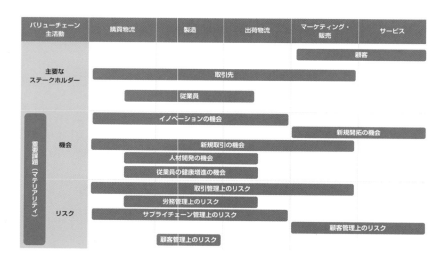

図 2-13　重要課題（マテリアリティ）を事業機会と事業リスクに整理する

ミュニケーションに役立てることが重要である。

　なお、マテリアリティは、開示する相手を投資家に限定するか、広く消費者、市民社会、従業員などのマルチステークホルダーとするのかにより、「シングルマテリアリティ」と「ダブルマテリアリティ」の2つがある（この点については、第4章第1節参照）。

　縦軸には、企業が推進している事業ドメインを重要課題（マテリアリティ）に適合するように、その優先順位に従って上から下に配置していく。この**図2-13**では、重要課題（マテリアリティ）を経営上の機会とリスクに分類している。例えば、すでに収益を上げており経営への寄与が大きいなどの企業にとって最も優先度・重要度の高い事業について、ステークホルダーとの関係で機会と捉えることができるものを配置する。また、重要課題（マテリアリティ）の分析を通じて、ステークホルダーにとって重要であると認識されたために新たに取り組むこととなった事業であったり、将来進出する可能性のある事業などを配置してもよい。事業の分析においては、自社の重要課題（マテリアリティ）をバリューチェーンにおける重要なステークホルダーと結びつけることにより、事業が、社会課題をも取り込んだ重要課題（マテリアリティ）を反映したものとなるのである。

　このように設定し、整理した重要課題（マテリアリティ）は、企業内の各部門の責任者や、必要に応じて外部専門家のレビューを受けてその妥当性や実現可能性について確認する。また、必要な限度で、重要課題（マテリアリティ）に関係するステークホルダー（例えば、調達先や労働組合等）のレビューも行って現実に取り組むことができる課題としておくことが重要である。

　これらのレビューが終わったら、重要課題（マテリアリティ）を

企業全体として取り組むべきものとしてコミットすること、つまり
取締役会や執行役員会等に諮ってその承認を得ることとなる。

ステークホルダー	重要視される情報の例
機関投資家・金融機関・ESG 評価機関	企業の持続性や将来性の判断に資する、E（環境）・S（社会）・G（企業統治）に関する非財務情報（人的資本、知的資本、社会・関係資本、製造資本および自然資本に関する情報）および財務情報
従業員・求職者・学生	労働環境、環境保護、社会貢献等に関する情報
行政	法令等への対応状況等に関する情報
市場・社会	サプライチェーンを含む事業活動全般による社会面・環境面への正・負の影響、ガバナンスへの対応状況
顧客	顧客に提供される製品は、適切に調達された原材料を用いているか等についての情報（サプライヤーに対する調達方針の徹底、トレーサビリティの確立、アニマルウェルフェアなど）
消費者	製品・サービスの購入に際しての適切な判断に資する情報

図 2-14 ステークホルダーに重要課題を開示する

　次に、それぞれの事業を遂行するために必要な経営資源を結びつける。この経営資源は、本節１で洗い出した６つの経営資本である。

　事業を遂行するにはさまざまな経営資源を要するが、これまでは事業資金や施設・人員に係る費用等といった財務諸表に表されるもののみを把握、管理していたものと考えられる。しかし、これら財務情報のみならず、自社が保有する非財務資本を洗い出して指標として適切に把握し、その状態をモニタリングして適時適切に開示をすることが求められている[7]。

(5) サステナブルコミュニケーション

　重要課題（マテリアリティ）は、当該企業の将来に関することであり、そのため、企業のすべてのステークホルダーにとって最重要の関心事項である。機関投資家のほかに取引先等の利害関係者や消費者も、計画的に ESG マネジメントに取り組んでいる企業を見極め、取引をしたり商品の購入ないしサービスの提供を受けたりしたいと考える。また、見落としがちであるが、企業にとって最大のステークホルダーである従業員が自社の重要課題（マテリアリティ）に対して、納得できていないような場合には、企業が本格的に事業の優先順位についてコンセンサスがとれていないこととなり、かえって企業のリスクとすらなりかねない。

　このように、すべてのステークホルダーに対する影響度の大きい重要課題（マテリアリティ）の開示は、企業によって非常に重要な

7　上場企業では、コーポレートガバナンス・コード（CGC）によって非財務情報の適切な把握と開示が事実上の義務（ソフトロー）として課されている。非上場企業や中小企業にとってもこのことの重要性は上場企業と異ならない。なぜなら、SDGs や ESG が当然のことと認識されている世の中においては、非財務情報を把握・開示しつつ、非財務資本を成長させるという視点抜きに企業の存続・成長はあり得ないからである。

事項である。そのため、ESG マネジメントの一環として分析・決定した重要課題（マテリアリティ）をステークホルダーに適切に開示するサステナブルコミュニケーションは、ビジネス機会が増加し新規ビジネスの契機となるとともに、企業価値の向上にも寄与する最も重要な企業戦略の一つである。

　重要課題（マテリアリティ）の開示は、各ステークホルダーとの間でコミュニケーションを継続するための重要な素材となる。こうしたコミュニケーションにより、自社事業を通じた SDGs への取り組みが、客観的に見て社会的価値を有しているのか、独善的になっていないか、さらに改善するにはどうすればよいか等を知る貴重な機会になり得る。

　また、従業員の企業に対する帰属意識のレベルにも影響し、この点が実質的な重要課題（マテリアリティ）に基づく事業の優先順位の決定・実行に大きな影響を与えることも企業経営者は忘れてはならない。

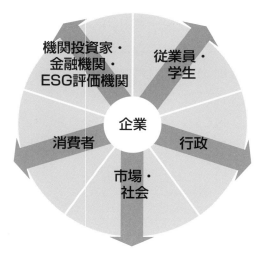

図 2-15　コーポレートブランド価値の向上

第3節　バックキャスティング思考による目標設定

 ## SDGs の 17 ゴールとバックキャスティング

　前節「2．自社を取り巻く社会課題の特定と重要課題（マテリアリティ）の決定」において、重要課題（マテリアリティ）の分析・決定にあたってポイントとなる事業遂行上の課題の洗い出しに、バックキャスティングによって策定する未来構想計画や付加すべき新規事業について検討することの必要性を述べた。ここでは、未来構想計画や付加すべき新規事業について検討するにあたって有用な「バックキャスティング」について説明する。

　SDGs は、気候変動・エネルギー等の環境問題、貧困対策・ジェンダー平等などの社会問題等、非常に幅広い分野にわたり、達成すべき 17 の目標を掲げている。これらの目標間には、例えば地球環境保護と経済発展との間に想定されるようなトレードオフ[8]が生じ得る問題があり、従来の考え方や態度を変えなければ解決できない問題が多く存在する。

　SDGs は、「2030 年には、世界はこうなっている必要がある。」というゴールを定めているが、これを実現するための具体的な方法は示していない。つまり「具体的な手法はわからないが、2030 年には我々の世界はこのような姿になっている必要がある」と、相当にチャレンジングな目標を設定している **（図 2-16）**。

　このような目標を達成する上で、「バックキャスティング」とい

8　両立が困難で、いわゆる「あちら立てればこちらが立たぬ」といった矛盾などをいう。

出典：国際連合広報センター「我々の世界を変革する：持続可能な開発のための 2030 アジェンダ」

図 2-16　SDGs のもう一つの捉え方 – 5 つの P

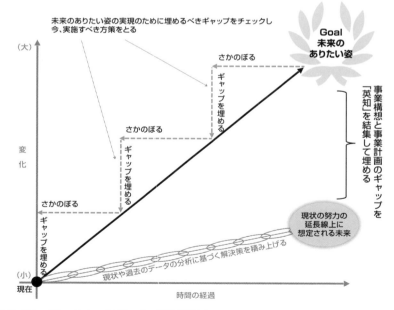

図 2-17　バックキャスティングの考え方

う考え方が重要になる。「バックキャスティング」とは、現在から未来を考えるのではなく、目標とする「未来のありたい姿」を定め「未来を起点」に、そこにたどり着くために今後必要となるモノや行動を考え実施する手法である **（図2-17）**。

2 バックキャスティングとフォアキャスティング

バックキャスティングに対して、従来の経験や実績をベースに、現状から未来に発生し得る事態を予測して改善策を積み上げる思考法を「フォアキャスティング」という。

例えば、営業の場面において、これまでの実績に基づけば1日に訪問できるクライアント数が最大10件、成約率が最大で20%だと仮定すると、1か月の稼働日を20日として計算した場合、月間40件の成約が限界と考えられる。このケースにおいて、仮に、月間45件の成約をゴールと設定すると、営業部門はこの数字をクライアントへのプレゼン方法の改善やインセンティブの付与など、従来のアプローチ方法等をさまざまに「改善」する、つまり従来の延長線上に、現実的な策を講じていくことが一般的である。

一方、仮に、月間500件の成約をゴールと設定すると、このゴールを達成するために現状から考えると、1日125件の商談が必要になる。これまでの実績（1日に訪問できるクライアント数が最大10件）から考えれば（フォアキャスティングの考え方に立てば）、従来の営業方法では、このゴールの達成は不可能だと考えられる。これに対し、バックキャスティングでは、「営業人員を増やし組織的に営業を行う」、「移動時間を削減するため商談をオンラインに変更したり、多数のクライアントに向けてセミナー形式の商談を実施したりする」など、従来の方法自体をドラスティックに変えること

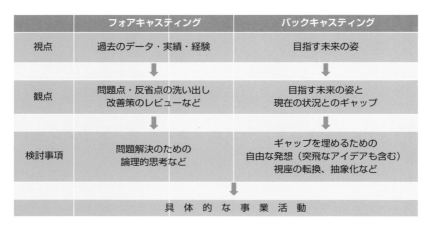

	フォアキャスティング	バックキャスティング
視点	過去のデータ・実績・経験	目指す未来の姿
	↓	↓
観点	問題点・反省点の洗い出し 改善策のレビューなど	目指す未来の姿と 現在の状況とのギャップ
	↓	↓
検討事項	問題解決のための 論理的思考など	ギャップを埋めるための 自由な発想（突飛なアイデアも含む） 視座の転換、抽象化など
		↓
具 体 的 な 事 業 活 動		

図 2-18　フォアキャスティングとバックキャスティングの相違点

に着手するかもしれない。

　このように、フォアキャスティングは現状を踏まえた改善的アプローチ、バックキャスティングは創造的な改革を生みだすアプローチと言い換えることもできる**（図 2-18）**。

　フォアキャスティングとバックキャスティングの 2 つの手法は、相互補完的なものであり、いずれが優れているという性質のものではない。ケースによって使い分けることが重要である。ただし、SDGs のように、単に従来の事業等の延長線上で考えるのでは到達が困難なゴールを目指すには、現状や過去のデータの分析に基づき方策を考えるのではなく、未来の「あるべき姿、ありたい姿」を起点として、その実現のために埋めるべきギャップや今実施すべき方策を考える「バックキャスティング」のアプローチが有効と考えられる。

　先が読めず不確実性の高い VUCA の時代、現在の延長線上の 10 年後、20 年後には、かつてのカメラフィルムのようにビジネス自体が大きく縮小してしまう可能性は十分にある。社会経済情勢や自

然環境の変化を見通し、これまでの延長線上にないビジネスの選択肢を模索することが、企業の持続的な成長に不可欠と考えられる。

　一方で、不透明で不確実な将来に対し、「従来の延長」とは異なる「未来」の視点に立った目標をどうやって設定すればよいのかといった問題にぶつかり得る。

　こうした状況下で足がかりとなるのがSDGsである。SDGsを実現するための努力は、企業が将来においても存続し、あるいは大きく成長するための重要な要素となる。なぜなら、「第1章第3節2　チャンスとリスクの認識」でSDGsとESGマネジメントに関する重要な視点として説明した通り、2030年に向けて地球規模で取り組む普遍的な目標であるSDGsは、各国政府に対し、その政策や行動計画にSDGsの目指す目標を反映することを推奨している。そのため、今後の達成状況により、世界的に規制や法令の見直しが進む可能性もあり、こうした変化は、企業にとってリスクになるからである。

3　バックキャスティングの4ステップ

　「バックキャスティング」は、目標とする「未来のありたい姿」を定め、その未来を実現するために必要なアクションを実行し、改善を繰り返して実現を目指す手法である。バックキャスティングには、確立された手順やツールがあるわけではないが、次のようなステップが考えられる。

STEP 1　未来のあるべき姿を設定する

【ポイント】

• 過去の実績や現在のリソースを考慮せずに、「未来を起点」と

して理想の未来だけを考える。

- いつの時点の（When）、どのような未来の姿か（How）を具体的に定める。

- 自らの部署の現場の困り事の解決など、「必ず実現したい」という強い意志に基づくものであることが望ましい。

STEP 2　STEP 1で定めた未来のあるべき姿を実現するために解決する必要がある課題と、解決可能性を抽出する

【ポイント】

- 資金、人員、スキル、情報、ノウハウ、時間など、現時点で未来のあるべき姿の実現を阻む障壁となっている課題を抽出する。

- 現在の状況と未来のあるべき姿とのギャップを埋めることを可能にし得る、自社が保有している可能性、他社が保有している可能性、協働することにより生まれる可能性など、あらゆる可能性を考え得る限り洗い出す。

STEP 3　未来のあるべき姿を実現するために必要な行動を考え得る限り出す

【ポイント】

- 予算や時間的猶予、現状から考えれば突飛であるかどうかなど考慮せずに、考えられる必要な行動をできる限り多数挙げる。

STEP 4　時間軸に配置する

【ポイント】

- 「未来のあるべき姿」の実現に向けて、STEP 3で挙げた項目を時間軸に配置する。

- 外部要因（技術の進歩、市場動向、政策変更など）を考慮に

入れる。これにより、未来の状況が変化する可能性を予測し、適切な対応策を含めることができる。

- 重点的に取り組む領域・項目を洗い出し、実現可能性が高い領域への選択と集中を検討する。
- 実行する順に時間軸に配置する過程で、足りないアクションに気づいたら、その不足を補うアクションを付加して、実効性のある計画に強化する。

このバックキャスティングによって作られる計画「未来構想計画」と、すでに策定している事業計画との間にはギャップが存在するのが通常であるが、そのギャップを埋めることが、事業計画の見直しにおいて最も重要なポイントとなる。

ギャップを埋めるために、従業員の「英知」を集めて、①社会・自然課題の解決、②事業のより一層の収益化、③従業員の負荷の低減という、トレードオフとみられる問題を、実際に業務に当たっている従業員の「創意工夫」によって埋めていく。ここで重要なのは、創意工夫を生み出すことができる従業員の力、つまり、人的資本（本章第2節1（7）参照）である。ESG マネジメントの根幹は、人的資本から知的資本等の経営資本を持続的に生み出していくことである。このことからもわかるように、企業を支える最も重要なステークホルダーである従業員重視の経営が、すなわち「ESG マネジメント」であるということができる。

4 ESG マネジメントの結果目指すべきSDGs の目標・ターゲットを位置づける

事業ドメインごとに、その事業を通じて 2030 年までに貢献すべき SDGs の目標とターゲットを明確に位置づける。つまり、

2030年をゴールとする時系列を想定し、2030年までの各年次において達成すべき目標をバックキャスティング思考により検討していく。現時点から2030年までの各年次においては、その事業を通じて提供すべきサービスや製品などを想定しながら、該当する年次までに獲得すべき売上げ・収益とその時点における企業のあるべき姿を検討していく。

　2030年を期限とする時間軸の中で、それぞれの事業ドメインにおいて顧客や市場に提供する製品やサービスを検討することとなるが、従前の顧客や市場を相手に既存の製品・サービスの提供を続けるのみではSDGsのターゲットを達成することは通常は非常に困難である。SDGsの目標は地球規模で解決すべき社会課題や環境問題を対象としており、この課題・問題の解決をビジネスに取り込む際には、必然的に新たな顧客や市場に事業を拡大したり、新規に事業を創出したりすることが求められるからである。

　事業の拡大・新規事業の創出を検討するに際し、獲得すべき顧客や進出すべき市場を模索する際には、**図2-19**の視点1〜視点4を

視点1	参入済みであり、すでに収益を得ている事業が存在する市場（ビジネス）においてSDGs目標達成に貢献できることはないか
視点2	SDGs目標達成に貢献するという視点から、まだ参入してはいないが、現有の経営資源を活用したり既存事業を応用拡大したりすることを通じて参入が容易であり、かつ支配的な影響力の確保を目指すことができる市場（ビジネス）はないか
視点3	現有の経営資源や既存事業の応用拡大のみでは参入が容易とはいえないが、参入できたとすれば多くのリターンや社会課題等の解決を期待できる参入チャレンジ市場（ビジネス）はないか
視点4	自ら参入するよりも、自社の知的財産等のライセンスを他社に許諾することなどを通じて、収益性を向上させたり社会課題の解決に一定の影響力を確保できる市場（ビジネス）はないか

図2-19　事業の拡大・新規事業の創出を検討する際の視点

参考にするとよい。

　ESG マネジメントにおいて重要なのは、事業ドメインごとに SDGs の目標を明確に位置づけて、その達成のための長期的な未来構想計画を策定する点にある。時間軸において現時点から遠い未来であるほど既存事業との関係が希薄であり、一般的には外部環境の予測や事業の方向性に関する検討が難しい。しかしながら、長期計画における最長期の時点において、当該事業が貢献可能な SDGs の目標・ターゲットを配置することによって、長期計画において目指すべき目標が明確になる。

　その目標からバックキャスティング思考に基づいて各事業におけるビジネスを検討することが可能となるのである。

　SDGs の目標達成に向け、2030 年におけるあるべき姿からバックキャスティング思考によって設定された事業構想上の目標とフォアキャスティングの発想で設定された事業計画との間には相当なギャップがあるはずであり、ESG 視点での事業投資を検討して目標達成の道筋を検討するためには、必ずしも合理的な思考を重ねるのみでは限界がある。むろん、業務に携わるすべての従業員の「英知」を結集し、知恵を絞って考えていくことが重要であるが、より大切なことは個々人の創造力を遺憾なく発揮することである。

ESG の視点による事業投資

　事業に投入する「ヒト・モノ・カネ」という経営資本を ESG の視点で事業投資することが本書の目指す ESG マネジメントである。ここでは、本章第 3 節の「バックキャスティング思考による目標設定」において SDGs の目標達成を見据えて設定した未来構想計画における目標を達成するために、すでにある事業計画[9]との間のギャップを埋めるために必要となる事業投資（「ヒト・モノ・カネ」をいかに投入するか）を検討する。検討する際の視点は ESG である。そこでまず、ESG の 3 要素について再確認する。

1 **ESG の 3 要素**

(1) 環境（Environment）

　環境（Environment）は、企業活動における環境面への配慮に関係する。地球温暖化への対策は環境（Environment）の最もわかりやすい例である。温室効果ガス排出量のコントロールや再生可能エネルギーの導入・普及などに示されるように、中長期的に持続可能な企業活動を考える上で重要なポイントとなる。この点については、「地球温暖化対策の推進に関する法律」が制定され、2050年までのカーボンニュートラルの実現が明記され、脱炭素に向けた

9　本章第 3 節で説明したように、一般的な事業計画はフォアキャスティング思考、すなわち前年度までの計画と実績を前提として作成されているが、2030 年までに実現すべき世界の姿を示す SDGs の目標・ターゲットからバックキャスティング思考によって設定した目標と事業計画との間には相当のギャップが認められることが予想される。このギャップは、一般的には従来行ってきた業務の方法や発想の延長上では到底埋めることができず、発想の飛躍が不可欠である。

取り組みや企業の脱炭素経営の促進が図られている。また、2020年以降の温室効果ガス排出削減等のための新たな国際的枠組みとして、2015年12月に開催された第21回国連気候変動枠組条約締約国会議（COP21）においてパリ協定が採択されている。パリ協定では、産業革命後の気温上昇を2℃以内に抑えることを目標に設定し（一般に2℃目標と呼ばれる）、さらに1.5℃に抑える努力を追求することなどが定められた**（図2-20）**。

また、海洋に流入するプラスチックごみへの対応も環境（Environment）として検討される。安価に生産でき耐久性にも優れていることから、プラスチックは、ビニール包装や発泡スチロールといった包装・梱包材・緩衝材として多用されている。これらプ

- ●世界共通の長期目標として2℃目標の設定。1.5℃に抑える努力を追求すること
- ●主要排出国を含むすべての国が削減目標を5年ごとに提出・更新すること
- ●すべての国が共通かつ柔軟な方法で実施状況を報告し、レビューを受けること
- ●適応の長期目標の設定、各国の適応計画プロセスや行動の実施、適応報告書の提出と定期的更新
- ●イノベーションの重要性の位置付け
- ●5年ごとに世界全体としての実施状況を検討する仕組み（グローバル・ストックテイク）
- ●先進国による資金の提供。これに加えて、途上国も自主的に資金を提供すること
- ●二国間クレジット制度（JCM）も含めた市場メカニズムの活用

出典：外務省 2020年以降の枠組み：パリ協定

図2-20　パリ協定の概要

ラスチックが使用後に適切に処理・処分されずに環境中に放出される結果、最終的には海洋に流出し、海の生態系に甚大な影響を与えていることが問題視されている。海洋プラスチック問題に対処することはESGにおける環境（Environment）に該当する。

その他に、気候変動、水質汚染の改善や生物多様性の確保なども重要である。

企業が社会において持続的に存続していくためには、環境（Environment）活動は不可欠であるが、現実にその活動を継続するには、やはりその活動が企業の収益に結びつくものであることが重要な問題となる。企業にとって、「環境」に貢献し、同時に収益性を向上させる活動の具体例として、次のようなものを挙げることができる。

○**エネルギー効率向上**

省エネ仕様の照明システムの導入、高効率の機器の使用、断熱材の改善など、エネルギー使用の効率を向上させることにより、電力料金の削減や燃料費の削減が可能となる。

○**再生可能エネルギーの利用、エネルギーの自己生成**

太陽光、風力、水力などの再生可能エネルギーの利用、太陽光パネルや風力発電などの再生可能エネルギーの自己生成システムの導入により、電力コストを削減することができる。

○**廃棄物管理の改善**

廃棄物削減策、副産物の利用、廃棄物処理施設の最適化など廃棄物の排出量を削減し、リサイクルや再利用の推進により、廃棄物処理コストの削減が可能となる。

○**無駄の削減の徹底**

生産プロセスやオフィス環境における無駄の削減により、資源の

効率的利用と廃棄物の削減に寄与する。

○デジタル化とテレワーク

デジタル化による業務プロセスの効率化、紙使用の削減によるコスト削減、テレワーク導入によるオフィススペースや通勤コストの削減が可能となる。また、その生産に木材の伐採やエネルギーの消費が伴う紙の使用量の削減により、森林の破壊や二酸化炭素排出量の減少に寄与する。さらに、デジタル化や電子文書の利用に移行することで紙の調達や印刷・郵送関連コストの削減をすることが可能である。

○サプライチェーンの可視化、効率化

サプライチェーンにおける物流や運送の最適化、効率的な輸送ルートの選定、輸送手段の改善、生産ラインの効率の向上、不要な作業や遅延の排除などを通じて、環境への悪影響を軽減すると同時に燃費の改善等、燃料消費量や輸送コスト削減が可能となる。

○効率的な水資源管理

水の使用状況の監視、節水装置の設置、雨水・再生水利用、設備の漏水箇所の修理などにより水の使用を最適化、浪費をなくすこと等によって、水道料金の削減や浄水処理コストの削減を実現できる。

○リースやシェアリングエコノミーの活用

自社で所有する必要のない資産や資源をリースしたり、他の企業等と共有することにより、コスト削減と資産・資源の効率的な利用を実現できる。

○環境関連の課税優遇措置や助成金の活用

行政による環境関連の税制優遇措置や助成金を活用することによるコスト負担の軽減を図ることに資する。

これらは、企業がESGのうちの環境（Environment）に関する

取り組みを通じてコスト削減等の実現により収益性を向上させる手法の一部である。企業は、自社の業種や特性に応じて、環境に配慮した取り組みを推進することで、コスト削減等による収益の向上など経済的な効果だけでなく、環境保全に資する事業活動による持続可能な経営や、それによって得られる社会的な評価の向上等の利益を両立させることが重要である。

(2) 社会（Social）

　社会（Social）は、職場における労働者の労働条件や男女平等を含む多様性の尊重（ダイバーシティ）、企業等が所在する地域コミュニティとの関係などが扱われる。

　近年、日本において推進されている「働き方改革」は、必ずしもESGの推進を直接の目的としたものではないが、その内容はESGにおける社会（Social）に対応するものである。長時間労働が恒常化している職場では、従業員の心身の健康に悪影響を及ぼすことから、「働き方改革を推進するための関係法律の整備に関する法律」により長時間労働の是正等が図られ、時間外労働の上限が定められている。また、正社員と短時間・有期雇用労働者との間の不合理な待遇差を解消するため、いわゆる「同一労働同一賃金」の原則が法律で定められている。これらに適切に対応することはESGの視点として重要である。

　また、経済産業省では、コミュニティビジネス（Community BusinessからCBと呼ばれることがある）の振興が図られている。コミュニティビジネスは、地域の課題解決や社会貢献と自立・持続発展可能な事業を両立させ、地域経済の活性化等に寄与することから重要視され、これまでの所得拡大、生産性向上、経済合理性の追求といった側面にのみ傾注していた経済社会から、社会貢献という

高い道徳・倫理観を持ち、生きがいや自己実現をも可能とする新たな価値も認められる経済社会の実現と、地域コミュニティの再生を目指すものである。

　さらに、ESGにおける社会（Social）で重要なのは、ダイバーシティ・マネジメント（Diversity Management）である。ダイバーシティ（Diversity）とは「多様性」を意味し、企業活動におけるダイバーシティ・マネジメントは、企業で働く人々の、さまざまな違いや立場を尊重するという基本的な考え方に基づき、それぞれの社員を個性に応じた形態で積極的に活用・支援することにより、変化を続ける新しい時代環境への適応力と発展する力を企業に持たせることをいう。今後ますますビジネス環境は複雑にかつ多様に変化・発展を続けていくと考えられ、企業がその変化に臨機応変に対応して持続的な成長を遂げるためには、多様な人々の立場や環境を理解し、個性を知った上で円滑なマネジメントを実行することが不可欠である。

　企業がESGの社会（Social）の活動に注力することにより、「社会的な評価と信頼の向上」、「優秀な人材の獲得と定着」、「市場競争力の向上」といった、企業の持続可能性に資するさまざまなメリットをもたらし得る。また、人権の尊重や社会貢献活動等の推進などにより、社会的な問題に関連するリスクを適切に管理することで、企業の長期的な持続可能性の確保に資する。

　企業による社会（Social）の活動の一例として、次のような取り組みを挙げることができる。

○**適正な労働条件の確保**

　企業には、適正な賃金、労働時間の遵守、柔軟性のある働き方、

労働組合活動の保障など適切な労働条件・安全な労働環境を提供する責任、従業員の健康と安全を保護する責任がある。

○**多様性と包含性の促進**

　企業は、多様な背景や経験を有する人々を尊重し差別や偏見のない職場を構築することで、社会的な公正と機会均等を推進する役割を担う。

○**人権尊重のための対策**

　従業員の権利、サプライヤーにおける労働条件、顧客等の個人情報の保護、先住民族や地域の習俗の尊重など、企業は、あらゆる人権を尊重し、人権侵害のリスクを最小限に抑えるための対策を講じる必要がある。

○**地域コミュニティの発展への貢献**

　企業は、その事業により影響を及ぼす地域コミュニティに対し適切に貢献する必要がある。例えば、当該地域における雇用創出、地域文化や環境への配慮、地域資源の適切な管理、地域社会のパートナーシップの構築、地域開発プロジェクトへの参加、教育支援といった活動が該当する。

○**サプライチェーンにおける社会的責任の確保**

　社会的・環境的観点等からのサプライヤーの選定基準の適正化、適正な監査プロセスの導入、原材料の持続可能な調達、廃棄物管理など、サプライチェーン全体の透明性を確保し、サプライヤーの社会的責任や環境への影響を把握する必要がある。

○**インクルーシブ（包括的）な製品やサービスの提供**

　企業は、障害者や高齢者向けの製品、低所得者層へのアクセス向上策、社会的弱者へのサポートなど社会の多様なニーズに対応するために、インクルーシブな製品・サービスを提供することが重要である。

社会的な責任を果たし、社会的な持続可能性を追求するための活動をビジネス戦略や組織文化に統合することは、企業が持続的に存続するために重要な要素である。

(3) ガバナンス（Governance）

　ガバナンス（Governance）は、本来「統治、支配、管理」といった意味を持つ言葉であるが、企業におけるガバナンスを特にコーポレートガバナンスと呼ぶことがあり、「企業統治」等と訳され、企業の組織体制、取締役会の在り方といった要素である。例えば、取締役会の独立性が保たれ、経営の透明性が高く、株主の権利が尊重されている企業ではリスク管理が円滑になったり株主からの評価が向上するなど、良好なガバナンスは企業の信頼性の向上、持続可能な経済的パフォーマンスの実現のために重要である。実効的なコーポレートガバナンスの実現に資する主要な原則を取りまとめた「コーポレートガバナンス・コード」[10] が東京証券取引所により公表されており、そこでは「会社が、株主をはじめ顧客・従業員・地域社会等の立場を踏まえた上で、透明・公正かつ迅速・果断な意思決定を行うための仕組み」がコーポレートガバナンスの意味として示されている。つまり、企業におけるガバナンスは、透明性および公正を確保しつつ迅速な意思決定を行う企業組織の在り方といってよい。

　企業活動における公正性の確保という意味では、企業の法令遵守を意味するコンプライアンス（Compliance）は、ESG におけるガバナンス（Governance）の重要な要素である。その意味では、

10　ただし、前述の通りコーポレートガバナンス・コードは直接的には上場企業に向けられた規範である。

ESGマネジメントの実践においても依然として法律や業界慣行、業界団体による自主規制といった規範を遵守することは当然のことであって、それらに対する正確な知識と法律や制度の改正動向を注視する必要がある。

　また、投資家は、責任投資原則に基づき、投資を行うにあたり、ガバナンス面、すなわち企業のガバナンス方針や実践、透明性のある事業活動など、社会的責任を果たす企業に投資することを重視する。ガバナンスはESG投資の重要な要素の一つであり、企業や投資家が長期的な持続可能性を追求する上で欠かせない要素である。

　ガバナンス（Governance）の具体的な活動の例として次のような取り組みが考えられる。

○コーポレートガバナンスの強化・改善

　取締役会の構造と役割、意思決定プロセスの透明性、内部統制や監査の強化など、継続的に実施することが重要である。

○取締役会の独立性と専門知識の確保

　ガバナンスの向上のためには、取締役会の独立性と専門知識の確保が重要であり、企業は、取締役会の機能と能力を高めることが求められる。

○取引の透明性と規制遵守、反腐敗への取り組みと倫理的な行動規範の強化

　企業は取引の透明性を高め、不正行為や不正取引を防止するために、内部統制や監査の強化、法的なコンプライアンスへの取り組み、反腐敗への取り組みや倫理的な行動規範の策定・強化など、不正行為や汚職の防止策の導入、告発チャネルの設置、規制遵守体制の構築等が求められる。

○ステークホルダーとの関係強化

　ステークホルダー（株主、従業員、顧客、地域社会など）との間のコミュニケーションと対話を通じ、ステークホルダーの利益や懸念を理解するとともに、ステークホルダーとの関係を強化することが重要である。

　企業はガバナンス（Governance）活動を通じて、組織のガバナンスを向上させ、持続可能性や長期的な価値創造を促進することが期待される。

　ESGのGをおろそかにした場合のリスクの例として、次のような事項が考えられる。

○リスク管理能力の低下

　ガバナンスの欠如は、不適切な意思決定、腐敗、内部統制の不備等が生じ得るなど、企業のリスク管理能力を低下させる可能性がある。これにより、企業の信頼性や市場価値が低下し、投資家や株主への信頼も損なわれ得る。

○法的・規制上の問題

　法的および規制上の問題を引き起こし、規制当局や金融機関からの調査や罰則の対象になり得る。また、株主からの訴訟リスクも高まる。

○ステークホルダーの信頼喪失

　適切なガバナンス活動を実施しない企業については、投資家、従業員、顧客、サプライヤー、地域社会などのステークホルダーからの信頼を失い、消費者からの不信感、従業員の離職率の増加などをはじめ、さまざまな問題を引き起こす。

○不正行為、腐敗

　ガバナンスの不備は、不正会計、賄賂、権力の乱用など企業内に不正行為や腐敗を引き起こすリスクを高め、企業の評判や信頼性を損ない、業績や株価に悪影響を及ぼす。

○人材確保と人材の満足度の低下

　優れたガバナンスは、従業員の信頼や働きやすさにつながる一方で、ガバナンスが不十分な場合、従業員の満足度、組織のパフォーマンス、競争力が低下するほか、優秀な人材の獲得や維持が困難になる可能性がある。

○投資家や株主からの批判、資金調達の困難化

　ガバナンスに問題がある場合、株主総会等において反発や批判、要求が集まるなど、投資家や株主から関与や圧力を受け、企業の経営方針や取締役会の構成に変更を求められる可能性がある。また、投資家や金融機関は、投融資にあたり、企業のESG活動を考慮の上、企業のガバナンス慣行や経営体制を評価し、持続可能性を重視する傾向があることから、ガバナンスが不十分である企業は、投融資の条件が厳しくなったり、資金調達が困難になる可能性がある。

○信用リスクの増加

　ガバナンスの不備は、企業の信用リスクを高め、消費者、顧客やパートナー企業からの信頼を失うことにつながる。

○法的および規制上の制裁

　ガバナンスの不備は、法的および規制上の問題を引き起こし、規制当局の調査や罰則の対象となる可能性をもたらす。こうした事態は、企業の評判、ブランド価値の低下を引き起こし、市場シェアや売上高が減少するなど財務状況にも甚大な悪影響を及ぼす。

このように、ガバナンス（Governance）をおろそかにすることは、企業の価値、信頼性、競争力に深刻な影響をもたらす可能性がある。企業は、ガバナンスは持続可能性と長期的な成功において不可欠な要素であることを認識し、適切なガバナンス慣行を確立するとともに、ESG の全体的な取り組みを継続的に強化することが重要である。

2 ESG の視点による事業投資のポイント

(1) 3つの視点

ESG 視点による事業投資を検討するにあたり、CSV の実践をも加味すると、次の3つのポイントを意識することが重要である。

① 次世代の製品・サービスの創造

まず、一つ目として、「次世代の製品・サービスの創造」ということが挙げられる。これは、社会問題の解決に役立つ次世代の製品・サービスを創造したり、気候変動、水や食糧の不足、経済格差の拡大、高齢化などの社会問題のうち、自社の事業と関連する課題を事業機会と捉えて、自社の強みや強みを生み出している経営資本を活かしてそれを解決することを事業構想にまとめ上げ、収益を生み出そうということである。

② バリューチェーン全体の生産性の改善

二つ目は、「バリューチェーン全体の生産性の改善」という点で、世界中に広がるバリューチェーン全体の生産性を上げて、最適化、効率化することで社会価値を生み出そうということである。

③ 地域生態系の構築

そして、三つ目は、「地域生態系の構築」という点で、事業を行う地域における人材やサプライヤーの育成、インフラの整備、自然資源や市場の透明化の強化などを通じて、地域に貢献するとともに強固な競争基盤を築くようにするものである。地域における産学連携、地産地消などの活動がこれに該当する。

(2) 新規事業検討における「感動・ワクワク感」の視点

人間の感動やワクワク感を新規事業のキーワードとする考え方は、顧客の心をつかむために重要な要素である。人間の感動やワクワク感は、一般に、私たちが喜びや充実感を感じる瞬間に起因している。新規事業を展開する際、顧客に感動やワクワク感を提供することで、彼らの心に響く体験を生み出すことが重要である。顧客のこのような体験は、顧客との絆を深め、事業の競争力を高めることにつながる。

具体的なアプローチとして、**図 2-21** のキーワードを挙げることができる。

人間の感動やワクワク感をキーワードとした新規事業の考え方は、顧客とのエモーショナルなつながりを築くために効果的である。顧客の心を揺さぶる体験を提供することで、長期的な顧客ロイヤルティの向上や競争力の強化を実現することができるからである。

上記のように検討することにより、事業単位で、将来にわたる市場参入について具体的なイメージが得られるばかりでなく、持続可能な社会を実現するためにどのように貢献し、ESG 要請にどのように応えるかについても、具体的なイメージを示すことができる。

イノベーション	新規事業を通じて、既存の枠組みにとらわれずに新たな価値を創造することが求められる。顧客のニーズや欲求を深く理解し、その先にある可能性を追求することで、感動やワクワク感を提供する斬新なアイデアを生み出す。
ユーザーエクスペリエンス	顧客が商品やサービスを利用する際に得る体験は、感動やワクワク感を生む重要な要素である。顧客の視点に立ち、使いやすさや便利さ、驚き、喜びなどを追求し、優れたユーザーエクスペリエンスを提供することが重要である。
ストーリーテリング	物語は人々の感情を揺さぶり、共感を生み出す力がある。商品やブランドにストーリーを持ち込むことで、顧客に共感を呼び起こし、感動やワクワク感を喚起する。顧客が自分自身をそのストーリーに結びつけ、共有できるような要素を取り入れることが重要である。
プロトタイピングとフィードバック	新規事業の開発過程では、顧客のフィードバックを積極的に取り入れることが大切である。早期のプロトタイプを作成し、顧客の反応や意見を集めながら改善を重ねることで、感動やワクワク感を最大化するアイデアを見つけ出すことができる。

図 2-21 新規事業検討の際のキーワードの例

これにより、ESG の視点による事業投資と SDGs とが事業と市場（ビジネス）を介して結合され、企業における事業拡大（利益追求）と持続可能な社会の実現とを両立するためのロードマップが得られる。

知的財産を資本として認識し、権利化し、企業価値を高める

1 知的財産の権利化の重要性

　社内外の「英知」を結集して「ギャップ」を埋める過程で、特許権や営業秘密などの知的財産[11] について調査をしながら、権利化できるものについては適切に権利を確保し、それをライセンスすること等によって収益を上げることを検討することが重要である。この知的財産は、業務を遂行する従業員の効率アップ、無駄・無理の排除、組織機能の向上など、従業員が「楽」になるための創意工夫・試行錯誤の結果である。そして、その権利を第三者にライセンスするということは、その「楽」になる方法を社会に広げようという試みであり、これに対してロイヤルティを得る結果として利益率が向上することにより、知的資本の財務資本化も可能となるのである。

　近時、企業価値に対する見方・評価は、大きく変化しており、土地、建物、設備等の形のある「有形資産」から特許・ノウハウやロゴ・ブランド等形のない「無形資産」へシフトし、無形資産の価値が有形資産の価値を超過する勢いである。

　取引対象となる商品やサービスもハードからソフトへ、ソフトからデータへと、最終ユーザーの満足を得るための取引媒体の変化とともに、最終ユーザーの体験や困り事を解決することや感動・感激を得ること[12] へと変化し、そのニーズがますます直接的なものと

11　土地、建物、設備など目に見える財産である「有形資産」に対して、目に見えない財産を「無形資産」といい、そのうち、頭を使った創意工夫から生み出す財産を「知的財産」という。

12　人の困り事を解決する、感情を表現する、工業的に役立つものを考える、商品イメージを伝えやすくする等が、知的創作活動である。

なってきている。

　無形資産経済・社会は、そうしたニーズを満たすことが収益の源泉となっている社会であり、そこは、いわゆる「業界の壁」がなくなっていく社会である。

　しかしながら、これら無形資産は、企業の財務諸表に表記されない「非財務情報」であるため、特に上場企業において無形資産価値・情報の可視化が検討され始めていることは、本章第2節1で述べた通りである。これは、改訂「コーポレートガバナンス・コード」に「人的資本」「知的資本（知的財産への投資等）」の活用・開示が追加されたこと（第2章第2節1（2）参照）からも明らかであり、今後、これらが利益の源泉となると考えることができる。

　例えば、インターネットやパソコンを使わないビジネスの方が少ない現在では、何らかの通信手段や技術がビジネスに関わっているのが実態である。こうした実態の下で、それらがビジネスに関わっていることを前提に、かつては、要件を満たさず特許の対象にならなかったビジネスのやり方が、特許の要件を満たすようになってきている。具体的には、コーヒーの淹れ方によって、その店独自の味が出せ、その味により他店よりも高い料金を設定することができるとしても特許にはならないが、そのやり方をインターネットを通じて他店のコーヒーサーバーでリモートで再現できるということであれば、その深みのあるコーヒーの注ぎ方が特許になり得る。

　このことは、現在自社で行っているビジネスのやり方について、積極的に出願し、ライセンスすることで知的資本のオンバランス化（財務情報として財務諸表に表記される）を図ることができることを意味する。

2 知的財産の権利化のステップ

　ここでは、現在の職場の課題の解決のために英知を結集して得た解決策としての発明について特許権として権利化する場合を例にとって説明する。

①アイデアの文書化

　アイデアを詳細に文書化する。特許申請に必要な情報を含め、アイデアの特徴、技術的な要素、利点などを明確に記述する。この文書は後のステップで特許申請書を作成する際に役立てることができる。

②創造性と新規性の評価

　アイデアが特許の対象となるためには、創造性と新規性が要求される。企業の専門家や弁理士と協力して、既存の特許や技術との比較や調査を行い、アイデアの独自性を評価する。

③企業秘密の保護

　アイデアを保護するために、不正競争防止法上の営業秘密としての保護要件を満たすよう、企業秘密としての適切な措置を講じる。機密保持契約の締結やアクセス制御の実施など、アイデアの漏洩を防止するための対策を講じる。

④特許性調査（先行技術調査）

　アイデアが特許の対象となり得るかどうかを確認するために、特許性調査を実施する。専門の特許弁理士や特許調査会社に依頼し、関連する特許文献や技術情報を調査して、アイデアの特許性を評価する。

⑤**特許申請書の作成**

　特許を申請するための特許申請書を作成する。特許弁理士と協力して、正確かつ詳細な特許申請書を作成し、アイデアの要点や技術的な詳細を適切に記載する。

⑥**特許申請の提出**

　特許庁や関連する特許機関に特許申請を提出する。提出手数料や必要な書類に注意しながら、特許申請を行う。

⑦**審査手続きと特許権の取得**

　特許庁からの審査手続きに従い、追加の情報提供や修正を行う場合もある。特許庁が審査を完了し、アイデアが特許として認められる場合、特許権が取得される。

⑧**特許の維持と活用**

　特許を有効な状態で維持するためには、特許料の支払いや特許法に準拠した手続きの遵守が必要である。特許を活用するためには、ライセンス契約や特許権の商業化戦略の策定など、適切な活動を行う。

　発明について特許権を取得するにあたっては、いわゆる「先人の知恵」を最大限活用することが重要であり、具体的には、「先行技術調査」を行う（上記ステップ④）。先行技術調査は、工業所有権情報・研修館（INPIT）の「J-PlatPat[13]」等を用いて行う。先行技術調査は結果として、無駄な開発を回避するためにも必要で、さま

13　工業所有権情報・研修館（INPIT）が提供する特許情報プラットフォーム（Japan Platform for Patent Information）である。特許、実用新案、意匠、商標に関する各種情報（公報データ、経過情報データ：「整理標準化データ」）を無料で検索・照会できるデータベースで、文部科学省の提供する学術文献データベースとも連携している。

ざまな施策をする前に先行技術調査をすることでコストダウンにも
つながる。先行技術調査の重要性については、以下の通りまとめる
ことができる。

ⅰ）独自性の評価

　先行技術調査は、アイデアや発明が既存の特許や技術と比較して
独自性を持っているかどうかを評価するために行う。同様のアイデ
アや発明がすでに特許化されている場合、特許性が認められない可
能性があるからである。

ⅱ）技術的な調査

　先行技術調査は、関連する技術領域における既存の特許や技術情
報を調査することで、アイデアや発明の技術的な革新性を評価する。
これにより、アイデアが特許として認められる可能性や競合する特
許が存在するかどうかを把握することができる。

ⅲ）リスクの評価

　先行技術調査は、アイデアや発明に関連する既存の特許や技術情
報を洞察することにより、特許侵害のリスクや訴訟の可能性を評価
するためにも重要である。他社の特許権を侵害することなく、特許
を取得し、実施するための安全性を確保するために重要な手段であ
る。

第6節　事業計画の要素とESGマネジメントの関係

　企業を取り巻く環境は、イノベーション、グローバル化の進展による加速的な競争激化、国際情勢の不安定化や気候変動などによって不確実性が高まっている。このようなビジネス環境において企業が持続的に成長していくためには、外部環境の変化を踏まえつつ、中長期的な事業の目指すべき方向性を定めた上で、全社的に取り組むことが重要である。この中長期的な方向性を示すものが事業戦略であり、それを計画に落とし込んだものが事業計画である**（図2-22）**。このことは、企業規模の大小を問わず、あらゆる企業に当てはまる。

・コーポレートガバナンス・コード

　上場企業については特に、「コーポレートガバナンス・コード」（東京証券取引所）が公表され、上場企業に対し、持続的成長と中長期的な企業価値の向上を目指した経営戦略や経営計画の策定と、収益力・資本効率等に関する数値目標（ROE・ROIなど）を株主への

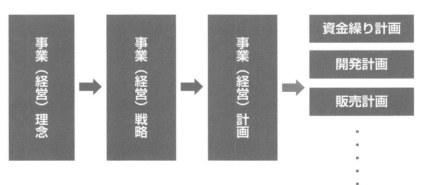

図2-22　事業戦略と事業計画

コミットメントとして開示することが求められている。

　コーポレートガバナンス・コード（CGC）は、2015年に策定され、2018年の改定の後、2021年に再度の改訂がなされた。

　2021年改訂で、初めて人的資本や知的財産への投資等についても、自社の経営戦略・経営課題との整合性を意識しつつわかりやすく具体的に情報を開示・提供すべきであることが盛り込まれた。

【基本原則３】
　上場会社は、会社の財政状態・経営成績等の財務情報や、経営戦略・経営課題、リスクやガバナンスに係る情報等の非財務情報について、法令に基づく開示を適切に行うとともに、法令に基づく開示以外の情報提供にも主体的に取り組むべきである。

　その際、取締役会は、開示・提供される情報が株主との間で建設的な対話を行う上での基盤となることも踏まえ、そうした情報（とりわけ非財務情報）が、正確で利用者にとって分かりやすく、情報として有用性の高いものとなるようにすべきである。

【原則３－１．情報開示の充実】
　上場会社は、法令に基づく開示を適切に行うことに加え、会社の意思決定の透明性・公正性を確保し、実効的なコーポレートガバナンスを実現するとの観点から、（本コードの各原則において開示を求めている事項のほか、）以下の事項について開示し、主体的な情報発信を行うべきである。
（ⅰ）会社の目指すところ（経営理念等）や経営戦略、経営計画
（ⅱ）本コードのそれぞれの原則を踏まえた、コーポレートガバナンスに関する基本的な考え方と基本方針
（ⅲ）取締役会が経営陣幹部・取締役の報酬を決定するに当たっ

　　ての方針と手続
（ⅳ）取締役会が経営陣幹部の選解任と取締役・監査役候補の指
　　　名を行うに当たっての方針と手続
（ⅴ）取締役会が上記（ⅳ）を踏まえて経営陣幹部の選解任と取
　　　締役・監査役候補の指名を行う際の、個々の選解任・指名
　　　についての説明

　　コーポレートガバナンス・コード基本原則3は、上場企業の適
切な情報開示と透明性の確保に関する原則を表明するものである。
上場会社は、投資家保護や資本市場の信頼性確保の観点から、必要
な情報を法令に基づき適時適切に開示することが求められている。
株式会社の取締役会、監査役等は、財務情報の適時適切な開示に資
する内部統制に係る体制整備について重要な責務を負っている。

　　そして、上場会社は、法令に基づく開示以外の情報提供にも主体
的に取り組むべきであるとされている。

　　さらに、基本原則3では、財務情報に加えて、「経営戦略・経営
課題、リスクやガバナンスに係る情報等の非財務情報」についても
適切な開示に主体的に取り組むべきとされている。この非財務情報
の中には、ESGの要素である「リスク、ガバナンスや社会・環境
問題に関する事項」が含まれ、ESGに関して開示・提供される情
報が可能な限り利用者にとって有益な記載となるよう積極的に関与
を行う必要がある。

　　これらについて、原則3－1では、上場企業が主体的に情報発信
すべき事項が明示されているほか、補充原則として「自社のサステ
ナビリティについての取り組み」を適切に開示し、「人的資本や知
的財産への投資等についても、自社の経営戦略・経営課題との整合
性を意識しつつわかりやすく具体的に情報を開示提供すべきであ

る」ことが明示されている。この点に関し、取締役会等の責務について定める補充原則4−2②では、「取締役会は、中長期的な企業価値の向上の観点から、自社のサステナビリティをめぐる取り組みについて基本的な方針を策定すべきである。また、人的資本・知的財産への投資等の重要性に鑑み、これらをはじめとする経営資源の配分や、事業ポートフォリオに関する戦略の実行が、企業の持続的な成長に資するよう、実効的に監督を行うべきである。」とされている。ここで述べられている、中長期的な企業価値向上の観点から、サステナビリティをめぐる取り組み方針を策定し、人的資本・知的財産への投資等の重要性から経営資源の配分や事業ポートフォリオに関する戦略を実行するということは、本書が取りまとめるESGマネジメントそのものであって、上場企業がコーポレートガバナンス・コードにのっとった情報開示を可能とするだけでなく、非上場の企業や中小企業にとっても、SDGsをしっかりと企業経営に取り込んだサステナブルな経営をする上で不可欠なものである。

1 事業の目的と重要課題（マテリアリティ）

　事業計画には、事業の目的が明確に示される。事業の目的は、経営理念や経営ビジョンなどの、企業が目指そうとする方向と整合している必要がある。そして、事業計画を立案しこれを実行していくに際しては、この経営理念や経営ビジョン等が全従業員に浸透していくように意識する必要がある。

　事業計画において企業の目指すべき姿が明確であれば、これを実行する担当者は、それを判断軸として業務を遂行できるため、事業を効率的に進めることが可能となる。例えば、「○○事業において、常に、最もお客様の生活に役立つ価値を創出し続ける企業を目指す」

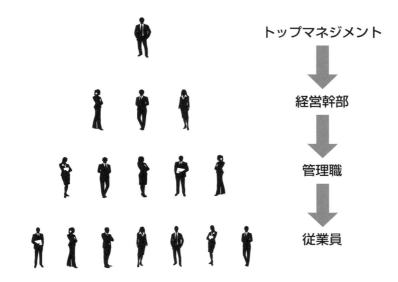

図 2-23　経営理念の全従業員への浸透

などとして、事業を通じて目指すべき姿を明確に表現することが重要である。事業の目的として、目指すべき姿が明確でなければ、顧客や協力者の賛同が得られないこととなりかねない。

　ESG マネジメントにおいて、事業の目的を再確認する意味は、ステークホルダーとの関係で整理された事業課題である重要課題（マテリアリティ）との関係を明確にする点にある。すなわち、事業の目的は、重要課題（マテリアリティ）の解決に貢献するものである必要があり、重要課題（マテリアリティ）の整理によって浮き彫りにされた事業の機会を活かし、かつ事業のリスクを回避できるものでなければならない。

2 事業の目標と ESG マネジメント

　ここで定める事業目標は、事業の目的を達成できるものである必要がある。

　事業計画においては、事業が収益事業として魅力的であることを検証し、その事業計画の実施により、十分な売上げや利益を得られることが確認できなければならないことは言うまでもない。そして、事業目標は、一般的には、事業ごとに、前年度までの実績に基づいて作成され、上司を通じて経営層に提出され、企業全体として集計され、事業間のバランスや経営戦略との調整を経て、企業全体の目標が決定されているものと考えられる。いわゆるフォアキャスティングの考え方に基づく目標設定である。

　しかし、このような事業目標についての考え方は、事業をもっぱら損益状況において把握するものであり、企業の持続的な成長を阻害する結果をもたらすおそれがある。例えば、前期に比べて売上高10％増（10％の増収）を目標とした場合、その目標達成のために従業員に過剰な負荷を強いることとなる場合があり、そのような場合、時間外労働時間が増加してかえって収益を圧迫したり、従業員に精神疾患を患う者が増えたりといった負の影響が増大する結果となり得る。また、利益率の向上を目標とすると、例えば経費を削減するために取引会社に過剰な値引き圧力をかけて下請代金支払遅延等防止法（下請法）や独占禁止法に違反するリスクが高まる可能性がある。

　ESG マネジメントの主眼は、この事業目標の収益性の確保に加え社会課題の解決に向けた取り組みをも盛り込む点にある。具体的には、事業の目標として売上げや利益（これはアウトプットと呼ば

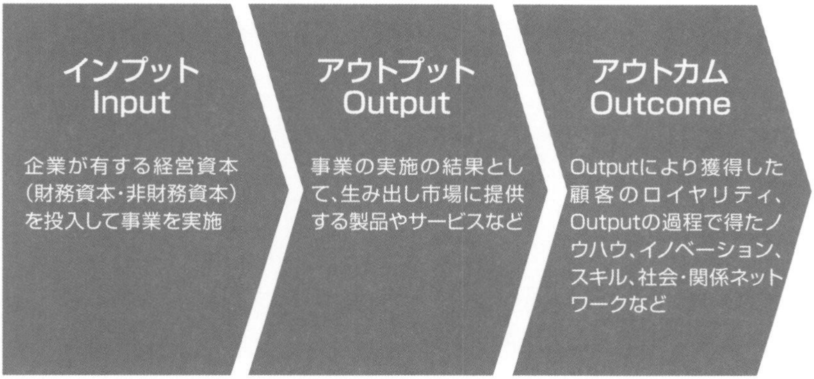

インプット
Input

企業が有する経営資本
（財務資本・非財務資本）
を投入して事業を実施

アウトプット
Output

事業の実施の結果とし
て、生み出し市場に提供
する製品やサービスなど

アウトカム
Outcome

Outputにより獲得した
顧客のロイヤリティ、
Outputの過程で得たノ
ウハウ、イノベーション、
スキル、社会・関係ネット
ワークなど

図 2-24　アウトカム到達へのステップ

れる）を設定するだけでなく、期末における 5 つの非財務資本（製
造資本、社会・関係資本、自然資本、知的資本、人的資本）のある
べき姿（これをアウトカムという）を設定する**（図 2-24）**。

　そして、自社における 5 つの非財務資本の成長に関わる目標は、
別途 2030 年からバックキャスティングの考え方に基づいて設定
した、SDGs の目標達成につながる目標をも考慮に入れて設定する
ことが求められる。

3　事業戦略と ESG マネジメント

　事業の目的および目標を明確化し、企業を取り巻く内部および外
部環境を確認した後は、この事業の目的および事業目標を達成する
ために、どのような道筋を通りどのように事業を展開することが有
用なのか、その戦略を検討するのが一般である。ここでは主に、①
競合との競争で優位に立つため、どのようなポジション（価格競争、
差別化、独自性、多角化など）を選択するか、②どのようなマーケ
ティングを展開して、商品・サービスを顧客に提供するか、③どの

ような事業モデル（ビジネスモデル）を採用するか、などを検討する。

　ESG マネジメントに基づく事業戦略を考えるにあたっては、事業の拡大や新規事業の創出、イノベーションの促進がポイントとなる。なぜなら、事業の目標として 5 つの非財務資本の成長と SDGs の目標達成を組み込む以上、これを達成するためには、従前から行ってきた事業スキームを単に延長するのみでは困難であり、ある種の「飛躍」が不可欠だからである。ESG マネジメントの神髄は、事業収入・収益の向上といった財務的な成長と企業の財務諸表には表されない非財務資本の成長、その結果としての SDGs の目標達成といった、一見矛盾するトレードオフの関係にあるものを両立させるためにイノベーションを加速することにある。

　このイノベーションの結果については、必要に応じて特許出願したり「営業秘密」として社内登録するなど、知的財産権として確保することが重要である。

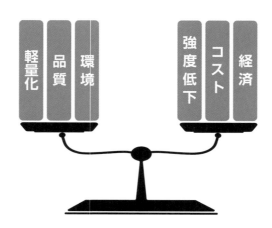

図 2-25　トレードオフ関係にある事柄をイノベーションによって両立させる

4 事業計画と ESG マネジメント

　企業は、事業やビジネスユニットごとに、前述した①事業の目的、②事業の目標、③目標達成のための事業戦略とともに、④現有の経営資源を事業経費や事業投資として配分した事業計画を策定しているであろう。①～③については、これまで一般に行われていた事業計画が ESG マネジメントによっていかに修正されるべきかを見てきた。したがってここでは、④経営資源の事業経費または事業投資としての配分について述べる。

　経営資源として一般に認識されているヒト・モノ・カネの各事業への配分は、通常、前年度までの実績に基づき、ビジネス環境の動向などを予測して行われる。ESG マネジメントに基づく事業計画では、事業目標の設定や戦略立案において「飛躍」を織り込んでいることから、単に前年度実績に基づく経営資源配分ではこれを達成することは難しい。ある程度実績を参考にしつつも、目標達成に必要な経営資源の配分が求められる。

　これに加え、ESG マネジメントにおいては、経営資源の配分に際して ESG の観点を加味することが重要である。言い換えれば、事業に対するヒト・モノ・カネの投入について、ESG のいずれに関連する事業投資であるかを把握、特定しておくことである。

　ESG マネジメントが「経営」手法であるといえるゆえんはこの点にあるといっても過言ではない。ESG の観点からの事業投資が、その事業の結果としての収益や非財務資本の成長という、リターンとなることを把握することが ESG マネジメントである。このように整理された ESG の観点からの事業投資とそのリターンを定量的に把握して外部に公表・開示することがサステナブルコミュニケーションである。

KGI と KPI の設定

　事業計画などにおいて設定される数値目標は、企業が一定期間において必ず達成すべきものであり、いわゆる KGI（Key Goal Indicator: 重要目標達成指標）に該当する。そして、KGI の達成に向けて必要な過程をクリアできているかを計測する指標として定められるのが KPI（Key Performance Indicator: 重要業績評価指標）である。どのような企業であっても、その事業の売上高や原価率・利益率といった業績に関する指標は把握されているはずである。これらの売上げや利益率などに関する目標値は KGI の例といえる。そして、KGI の達成に向けた計画の進捗を客観的に把握するために定められるのが KPI である。

　業務目標として数値化されている項目（利益率、客単価、リードタイムなど）については、改善項目も数値として設定することが容易であるが、目標項目によっては目標値を設定することが難しいものもある。例えば、「クレーム対応習熟度を上げる」という目標項目については、一般的に数値目標を設定しにくいといえる。このように、定性的な事項を定量的に捉える場合に用いられるのが KGI と KPI である。

　KGI は、目標達成したと評価できる基準や達成度を数値（指標）として設定するものである。クレーム対応の習熟度については、例えば、「二次クレームの発生率を 80％削減」などが KGI にあたる。

　これに対して KPI は、KGI を達成するためのプロセスごとに、その実行の度合いを数値（指標）として設定する。「二次クレームの発生率を 80％削減」するための取り組みとして、クレーム対応マニュアルを作成・周知する場合、KPI には、クレーム対応研修の実

施回数や出席率、マニュアル理解度テストの実施回数や合格率など
が挙げられる。

1 KGI の設定

　まず、KGI は、発見した問題を解消できたと評価できる指標を数
値として設定する。前述した「二次クレームの発生率を 80％削減
する」という例のほかに、「提案書の提出期限が頻繁に超過する」
という問題については「期限超過数ゼロ」にすることなどが KGI
の例として挙げられる。KGI は、組織全体で決まっている数値があ
れば、その数値をそのままチームとしての KGI に設定してもよい。

2 KPI の設定

　KPI の設定にあたっては、KGI で設定した指標を実現するための
方法を体系的に展開していくとよい。その際には、ロジックツリー
の一つである HOW ツリーなどを使って、抽象的なものからより
個別・具体的なものに展開されるように分析する方法がある。通常、
問題の原因としてはさまざまな要素が複雑に関連するので、まずは
それらを漏れなく重複なく（MECE）洗い出すことが重要である。
ここで、KGI を実現するための多くの方策のうち、最も効果的で実
行可能な施策を抽出したら、それらの施策がしっかり実行されたと
評価できる新たな数値（指標）を設定する。どのような指標を設定
すべきかは、実現すべき KGI および担当者・担当部署の状況（担
当業務の種類、部下の数や業務の習熟度）によってさまざまなパター
ンがあり得るが、例えば次のような視点を参考にすることができる。

(1) 業務の正確さ

　業務の正確さは、およそいかなる業務においても求められる視点である。業務の正確さを数値で捉えるためには、業務におけるアウトプットの「品質」や「標準化された業務とのズレ」で測ることができる。製品や部品を製造・加工する業務であれば、アウトプットの「品質」は不良品の発生率等として数値化することができよう。

　「標準化された業務とのズレ」を指標とする前提には、標準的な業務の方法があらかじめ明確に定められている必要がある。そして、業務が標準化されていても業務の繁忙度などを理由として標準化された作業の一部を省略してしまう場合、標準化された業務が守られなかった回数などをカウントして数値化し、その回数を減らすことを改善目標の指標とする。

(2) 費用

　業務は、意識して改善しなければいつのまにか無駄が発生・増大して、業務遂行が高コストとなってしまいがちである。したがって、KGIを実現する施策として、「費用を下げる方法はないか」を考えることは有用である。また費用の視点からは、「コストを〇〇％下げる」などと数値による指標化を行う。

(3) 効率性や業務にかかる時間

　時間に関する指標は、業務の問題解決に役立つだけでなく数値として指標化しやすい視点である。例えば、顧客からの問い合わせに対する回答に要する時間の短縮、製品納入に関するリードタイムなどである。まずはこれらの現状を数値として把握し、KGIを実現するために必要な数値をKPIとして設定する。

第3章

ESG マネジメントの具体例

　ＥＳＧマネジメントは、企業にとってＳＤＧｓを事業目標に組み入れ、ＥＳＧの視点で事業投資する経営に取り組むものである。

　これまで、企業が置かれている現状について、①自社の状況を財務資本と非財務資本という２つの側面から捉え直し、②ステークホルダーごとに自社に期待される役割を見据えながら自社として解決すべき社会課題と自社の経営上の課題とを洗い出して統合し、その優先順位を重要課題（マテリアリティ）として特定した。そして、③事業投資する６つの経営資本を明確にする。特に６つの経営資本のうち、財務資本を除く非財務情報に含まれる５つの経営資本について明確にすることで、事業投資の対象となる「ヒト・モノ・カネ」を区分しておく。さらに、事業ごとに関連するＳＤＧｓ目標を紐づけながら、これらＳＤＧｓ目標を2030年までに達成するため、自社が目指すべき目標をバックキャスティングの考え方に基づいて決定するとともにそのための未来構想計画を検討した。

　一般に、企業では、フォアキャスティングの考え方に従い、前年度までの計画と実績から次年度以降の事業計画が策定されている。フォアキャスティングに基づく事業計画とバックキャスティングに基づく未来構想計画との間には、相当なギャップがあるものと思われる。このギャップはむしろ当然存在するものであって、逆に事業計画よりも高いレベルでの目標達成が求められるような、その意味で事業計画と大いにギャップのある未来構想計画を設定すること自体に、ＳＤＧｓの目標からバックキャスティングで事業の目標や未来構想計画を決める意味があるといえよう。このギャップを埋めるために社内外の英知を集めて創意工夫をすることが最も重要であって、これにより企業の持続可能な成長が期待できるのである。

　この「企業の持続可能な成長」とは、自社の現状認識のために洗い出した財務資本と５つの非財務資本が徐々に増強されていくこ

とを意味する。なぜなら、これら6つの資本は、いわゆる「ヒト・モノ・カネ」で表現されることのある経営資本そのものであって、増強された経営資本は、次期の事業に投入することができる経営資本が増えたことを意味し、これにより企業はさらに大きな成長につなげていけるものだからである。

　本章では、ESGマネジメントを実践し成功している会社の取り組みを紹介する。

　ここで紹介する会社は、いずれも、経営者に面談をして取材し、ESGマネジメントの実践例として取りまとめたものであり、特に中小企業におけるESGマネジメント実践例として参考に値するものと考えている。

1 株式会社佐藤製作所

　株式会社佐藤製作所（以下、「佐藤製作所」と表記する）は、東

京都目黒区に所在する金属加工会社であり、1958 年（昭和 33 年）に創業された。

　佐藤製作所は、主に金属加工等の事業を行っている企業であり、事業概要は、資本金 1,000 万円、従業員数 17 名、内男性 10 名、女性 7 名（2023 年 9 月現在）で、主に法人向けに金属受託加工や、高精度な銀ロウ付け[14]、はんだ付けを行っている。

　佐藤製作所は、2014 年に至るまでは、業績が低迷している状態が続いていた。

　当時、同社が抱えていた主な課題は以下の通りである。

● 製品製造に関して不良や納期遅延が頻発していた。

● 工場内の整理整頓が徹底されていない。

● 従業員は比較的高齢の男性が中心で、円滑なコミュニケーションが図られている状態ではなかった。

● 業績悪化により、定期昇給や賞与の支給は困難であった。

● 創業以来、新卒や女性従業員の採用はなく、ハローワークを通じて金属加工経験のある男性のみを中途採用してきたが、全く定着せず、ほとんどの社員が短期間で退職することが続いた。

● 社内の雰囲気は、特に新しいことにチャレンジしようという動きはなく、何かを改善しようという試みもみられなかった。

　同社は、経営を文字通り「持続可能な経営」へと立て直すために、

14　ロウ付けは、金属同士を接合するための加工方法の一つであり、溶接に分類される。金属同士の間にロウと呼ばれる合金を溶かして、それを溶接することにより接合する。溶接に比べて温度が低く、金属同士を接合する際の熱変形が少なく、微細な加工も可能であるため、精密機器の製造やジュエリーなどの細かい加工に使用される。

まず経営者を交代して、同社が抱える上記の経営上の課題の改善を推進することとなった。

（1）自社の現状を知ることの重要性

　佐藤製作所が、持続可能な経営のために最初に行ったのが「徹底した自社分析」である。

　その結果、同社は、まず自社の特徴であり、かつ強みである「銀ロウ付け」という工業技術に着目した。同社事業において中核的な技術である「銀ロウ付け」という特殊な技術は、他社と十分に差別化できるものである。

　しかし、上記の通り2014年当時の同社は、就業環境も良好とはいえず、社内の雰囲気も進取の気性に富んだとはいえないものであった。

　新経営陣は、他社に負けない技術を持ちながら、それを活かせない企業環境の矛盾を打開すべく、若い人材の採用と定着化を図ることを検討した。

　そして、以下のような改善点と解決策を見いだした。

---

① どんな人を求めているか→もの作りが好きで素直で優しい（コミュニケーション）

② その人はどこにいるか→高専・工業高校

③ どういう会社であれば合うか→先輩が皆優しい、手仕事ができる

④ 今の会社の良いところはどこか→特殊な技術がある（「銀ロウ付け」という珍しい技術に価値がある）

⑤ 足りていない要素は何か→整理整頓、コミュニケーション、収益性、など多数

　ここで、新規人材の採用と定着のために、徹底的な自社分析を行うことは、経営上非常に重要な意義を持つ。

　まず、自社分析を行うことで、企業の強みや弱みを把握することができる。自社の強みを把握することで、どのような人材を採用すれば、企業の目的や方針に沿った仕事をしてくれるかを考えることができる。

　また、自社の弱みを把握することで、どのような点を改善すれば、新規人材が定着しやすい職場環境を整えることができるかを考えることができる。

　さらに、徹底的な自社分析は、人材採用の方向性を明確にすることができる。

　自社分析により、企業の目的や方針に沿った人材を採用することで、企業の競争力を高めることができ、自社の弱みを補うために、必要なスキルや能力を持った人材を採用することで、企業の課題解決につながる。加えて、徹底的な自社分析は、新規人材の定着にもつながる。

　自社分析により、企業の強みや弱みを正確に把握し、それを新規人材に明確に伝えることで、企業の文化や方針に共感しやすい人材を採用できるようになるだけでなく、企業が求める人物像を明確にすることで、新規人材が自社に合わないと感じることを防ぐことができる。

(2) ESG マネジメントにおける Social に関わる取り組み

① 女性活躍の推進

　佐藤製作所が、新卒採用を開始した当初は、女性の採用を特に意識していたわけではなく、若手を採用しなければ会社の存続自体が危ういということが発端であった。

しかし、年齢や性別は特に気にせず、「人はそれぞれに得意なことがある」という認識の下で採用活動をすることは、他の同規模の製造業者が行っていない女性技術者の育成や活躍のチャンスがあると評価できる。たしかに、当初、女性の採用について自社内および同業他社の知り合いに相談をしたところ、「現場作業は女にはできない」、「男しか採用するな」と厳しい反対に遭った。

しかし、同社が抱えていた以下の複数の課題解決に向けて、積極的に女性の採用活動を行った。

●コミュニケーションの改善 … 同社は当時、従業員間のコミュニケーションが全くなかったが、その改善を期待できる。
●納期遅延率・不良率の改善 … 納期遅延や製品の不良発生が常態化していた状況の改善が期待できる。
●広報・PRの改善 … 同社が従前行っていなかった広報やPR活動を女性に担ってもらう。
●顧客対応の改善 … 丁寧な顧客対応を担ってもらう。

同社が経営改革のために行った女性活躍の推進は、ESGマネジメントにおいて重要な意味を持つ。女性活躍推進は、ESGマネジメントにおけるSocial（社会）の観点から取り組むべき課題であり、また、女性活躍推進が進むことで、企業がSDGs（持続可能な開発目標）に貢献することもできる。

女性活躍推進に対する施策は、一般に、女性の雇用・登用の拡大、フェアな環境づくり、ワークライフバランスの改善などが挙げられる。これらの施策により、女性が活躍できる環境が整備されることで、企業の人材の多様性が高まり、人材獲得競争力が向上するとともに、従業員のモチベーション向上や離職率の低下など、企業の経

営に直結するメリットがある。

　佐藤製作所では、女性の技術者を迎え入れるようになって、工場施設の整理整頓や、納期管理・進捗管理を徹底するようになり、納期遅延率や不良率が実際に改善されたという。

　納期をしっかり守ったり不良を出さないといった活動は、受注の増加にもつながり、経営状況の改善に直接役立っている。さらに、丁寧な梱包発送の対応は顧客からの高評価を得る要因ともなっている。

　また、女性を採用することにより、同社としての事業の拡大にもつながっている。

　例えば、同社は、女性スタッフの発案により、同社の広報誌「銀ロウたより」を製作・発行し、顧客や同社の周辺、希望者等に配布し、新規顧客の獲得や既存顧客との親密な関係構築に重要な役割を

女性スタッフの発案により発行されている「銀ロウたより」

担っている。

　ちなみに、若手女性従業員が中心となって行っている仕事内容の例は以下の通りである。

● 「銀ロウ付け体験教室」の企画出し、ロウ付け技術講師
● 女性個人の新規顧客ターゲット発掘
● 器用さを活かした精密な銀ロウ付け溶接業務
● 「ロウ付けインターンシップ」内容企画、プログラム作成、
　学生教育担当
● B to C 向け「金属品の修理」新規事業立ち上げ
● 会社や業務内容 PR のための SNS 活用
● ベテランを含む社内会議の取りまとめ、リーダー
● 丁寧な梱包発送対応による顧客満足度アップ

---

② **地域との共生**
　同社では、新規人材の採用において、いわゆる求人媒体を使うと、会社の知名度や規模等において他社との比較対象となり同社が求める人材の採用につながらないという考えから、求人媒体に依頼することはしなかったという。
　その代わりに同社が行った採用活動は、会社の近くの学校を訪問して会社説明を行うことやインターンシップについて説明するという活動である。このような方策を実施した理由として、「家の近くで働きたい」という若者の働き方に対する意識を考慮したことが挙げられる。
　こうした求人は、地域と共存した企業づくりの観点からも非常に重要な活動だと評価できる。

インターンシップの様子①

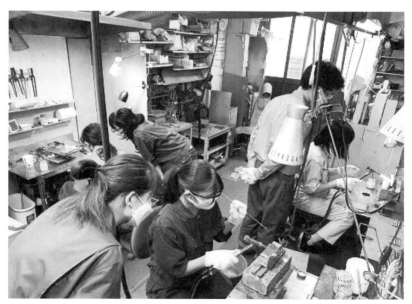

インターンシップの様子②

近隣の学校の学生等を対象として、5日間のインターンシップを実施し、会社としても学生のことをよく知ることができ、採用した後も早期退職者の減少につながるものと考えられる。

　インターンシップの受け入れやそれに伴うプログラム作りは大変だが、いったんその仕組みができれば、インターンシップを経て採用された若手がインターンシップの学生の面倒をよく見、改善点なども自ら考えることができるようになる。

　インターンシップを実施する上で重要なのは、過去の常識をすべてリセットしてゼロから考えることである。過去の常識で若手をつぶすこととなる場合があるからである。ここで注意すべきなのは、過去の常識を完全に消し去ることは非常に困難であるとともに、過去の常識がすべて悪であるというわけではないということである。過去の常識は、自社の中核的な技術と密接に関連している可能性があるからである。

(3) ESG マネジメントにおける Governance に関わる取り組み

　企業変革に着手しようとする際に、変化にネガティブな人が社内に出てくることがある。このような人をいかに変革に巻き込むかは、ESG マネジメントにおいては、Governance に属する項目の一つである。

　変化を拒み、変革に協力しない人に何度も説明したり説得を試みようとすることでその人が変わってくれることは極めてまれである。変化を促すのに効果的なのは、先行して目に見える結果を見せることである。ここで目に見える結果は大胆なものでなくてもよく、小さな結果を少しずつ積み上げてそれを見せることが重要である。

　同社では、採用募集しても女性は来ないと言われていたが、実際に募集してみると応募があり、女性の採用に至った。

　ただし、企業変革が目に見えるまでは、リーダーの強い意志と覚悟（動機）が不可欠である。そして、成果が表れたときには、変化に協力的でない人に助けを求め、その結果を丁寧にフィードバックしていくことで、徐々に変革に協力的になっていく可能性が高まる。特に、若手側から教えを請うとベテランは喜んで指導してくれるようになる。このように、若手との接点を増やす施策を実施する。常識を打破した若手の成果を見せたり、若手の意見や考えを聞ける場をつくったり、個ではなくチームで仕事をするシステムにするなど「若手との接点を増やす」活動を通じて、あるタイミングでベテランも積極的にサポートしてくれるようになる。

　同社は、「ひとりの社員に依存する会社（組織）は弱い」と考えているため、個々の社員それぞれの能力を高めていく必要性を、会社として繰り返し伝え続けているという。毎週、社員全員が参加する会議があり、その際に、何回も根気強くこの点を伝えている。この会議では、社内で起きたあらゆる問題を全員で共有し、原因究明と再発防止を考えることがメインである。

＜株式会社佐藤製作所　会社概要＞

会社名	株式会社 佐藤製作所
英文社名	SATO WORKS Co. Ltd.
取締役社長	佐藤　隆之
社歴	66 期目（昭和 33 年 12 月 17 日設立）
人数	17 名（20 代 9 名） 男性 10 名　女性 7 名 平均年齢 37.1 歳（役員除く）
資本金	1,000 万円
ホームページ	https://sato-ss.co.jp/

※ 2023 年 9 月 1 日現在

2 有限会社原田左官工業所

　有限会社原田左官工業所（以下、「原田左官工業所」と記す）は、東京都文京区に所在する建築業者であり、1949年（昭和24年）に創業された。

　主に左官工事、タイル貼り工事、防水工事、レンガ・ブロック工事業を営む企業である。

　左官業とは主に次のような仕事を行うことである。

1. モルタルの配合・調合・施工

建物の外壁や内装の壁、床、天井などに、モルタルを使用して仕上げる。モルタルは、セメント、砂、水、化学薬品などを調合したもので、素地によって配合を変え、目的に合わせて施工する。

2. タイル・レンガの施工

外壁や内装にタイルやレンガを施工する。タイルやレンガは、

固形物を使用するため、モルタルとは異なる施工方法が必要となる。

3. モルタル加工

建物の外壁や内装に凹凸やデザイン性を持たせるために、モルタルを加工することがある。

4. 防水工事

建物の屋上や外壁に防水加工をする。主に、シート防水、塗装防水、ウレタン防水、シリコン防水、樹脂防水などがある。

　左官業の仕事を的確に行うには相当の技術と腕力を有していることが重要であり、左官業界は、職人気質の一人親方が幅を利かせる業界であるといわれる。

　昭和24年創業の老舗である同社にあっても、多くの工事は、熟練の技術を持つ男性の職人によって行われてきた。また、建築現場では、50kgもの重さのセメントを担いで高所に登らなければならないこともあり、従前から男の仕事であるとされることが多かった。

　高齢化・少子化が急速に進展する社会状況において、職人の高齢化も進み、若手の職人も不足する。こうした状況は、企業の将来の持続可能性の観点から大きなリスクである。こうしたリスクに対し、同社は、経験豊かな職人の技能を若手にしっかりと伝えることに腐心しつつ、職人に求める「職能レベル」を体系化するなどして、女性の職人や若手の育成などの新たな経営手法を導入し、当該新手法を日常業務に定着させている。このような工夫を通じて、社員の能力を最大限に引き出し、満足度を高めている。

　同社では、現在、従業員数50名のうち12名が女性左官であるなど、女性の活躍により事業を拡大させている。また、若手社員の定着率の高さも評価されており、ESGマネジメントの実践モデル

として紹介したい。

（1）ESG マネジメントにおける Social に関わる取り組み
① 新たな若手育成法のカタチ

　左官業界の平均年齢が 60 歳以上という中で、同社の平均年齢は 35 歳である。また、離職率も 5 ％と、業界内においてはかなり低い状況である。

　その実績の背景となるものの一つに、「技術は盗んで覚えるもの」という業界の常識を覆し、研修の導入編として、「モデリング訓練」と呼ばれる新たな育成法を取り入れたことが挙げられる。

　モデリング訓練とは、熟練の職人が壁を塗る作業を撮影し、これを「名人の動画」として若手社員に見せ、その動きを学ばせることにより塗り方を身につけていくという独自のトレーニング方法である。

　このように、映像を用いることにより、言葉では表現し切れない動きやコツを伝えることが可能となり、また、時間や場所を選ばず

モデリング訓練のための動画撮影

学ぶことができることも、この訓練の利点である。

　そして、導入編で必要最小限の動きを身につけた後は、一定の期間、１人の先輩親方につき、何でも質問できるような環境を与える。昔ながらの親方と弟子の関係を創出し、「自分はこの人に教えてもらった」という意識を醸成することにより精神的な支えとなること、また、将来、自分も若手に、親方から伝えられた仕事への取り組み方や意欲を継承することも期待する。

　こうした期間を４年間設定し、その期間の研修を修めた後は、中規模の現場のリーダーを任せる。従来、一人前になるまでの期間は人によって異なるものであったが、研修の期間として明確に期限を切ることで、いつまでに何をやるべきかが明確になる。また、４年間続けることで、左官業の面白みも理解し、続ける自信にもつながる。

　労働力の不足が問題化している現代の社会において、若手が早く一人前に育つ環境を整えることは、企業の重要課題である。

② **女性左官による新規事業の確立**

　原田左官工業所では、1989 年（平成元年）に事務職であった女性が自ら左官職を希望したことから、初めての女性左官が誕生している。

　1989 年といえば、1985 年（昭和 60 年）に制定された男女雇用機会均等法により、社会に仕事の機会の男女平等の必要性が認識され始めていた時期である。女性従業員が自ら希望したことをきっかけとし、男女雇用機会均等法の趣旨に沿った、雇用の取り組みにつながった。

　同社の取り組みが ESG マネジメントに沿ったものであると評価できるのは、左官仕事の現状を分析し整理して女性が活躍できる業

務を発掘したり、女性目線での発想をビジネスに取り入れ事業を拡大している点である。

　左官仕事は、重量のある物の運搬や炎天下の作業など、男性向きとされることがある。しかし、左官が行う一連の作業を分解整理してみると、必ずしも体力や力の必要な仕事ばかりではない業務が多く見いだされ、女性の役割も明確になっていった。

　女性を左官職に登用した当初は、現場に出た女性が仕事で失敗をすると、男性から「やっぱり女性は」という目で見られることがあったという。そこで同社では、現場の困り事や心配事などの相談を受けつける窓口を設置し、調整をしていった。

　また、現場の男性、特に50代や60代のベテラン職人は、男性との仕事を長年続けていたこともあって現場に女性がいることで、「仕事上の接し方がわからない」という声も多かったという。そこで、現場で発生しがちな軋轢（あつれき）を避けつつ、女性の視点からの発想を事業に活かすため、装飾壁床のアイデアを自ら企画し、営業・施工管理・材料配合などまでこなす女性の左官チーム「ハラダサカンレディース」を1990年（平成2年）に誕生させた。このチームは2004年（平成16年）まで稼働し、従来は漆喰（しっくい）などを正確に平らに施工することのみが求められていた左官仕事に、新たにデザイン性のある壁を施工するといった仕事が徐々に拡大していった。

　このような女性活躍の場を提供することに端を発して、同社は国内唯一とうたわれる「提案型左官」という事業を確立するに至った。

　提案型左官とは、建物の外観や内装に合わせて、施工方法や材料などを提案して、より美しく個性的な仕上がりを実現する左官工事のことである。

　原田左官工業所は、提案型左官に力を入れており、建物のデザインや用途、顧客のニーズに合わせて、最適な施工方法や材料を提案

多様なニーズに合わせ、最適な施工方法や材料を提案する「提案型左官」

している。例えば、自然素材を使用した和風建築や、現代的な印象を与えるモダンな建物に合わせた施工方法である。

　さらに、現在では家具やテーブルなどに独自のデザインを施すといった業務も行っている。この家具等の制作は、労働時間管理の面でも効果を発揮している。建築現場は、天候等にスケジュールを左右されることが多く、工期がタイトになると休日を返上しての作業がどうしても発生してくる。これでは、例えば育児中の女性などが働きにくい。これに対して、家具等の制作は屋内作業であることから、天候に左右されずスケジュールを調整しやすく、育児等のために時間を調整することが容易になっているという。

(2) ESG マネジメントにおける Environment に関わる取り組み
① 原田左官のアップサイクル

　原田左官工業所では、自然素材とリサイクルによる左官工事を通じて、エコロジーに配慮した環境づくりを目指している。

　原田左官のアップサイクルと題して、捨てられるはずだったものに付加価値を加えて新しい製品にアップグレードすること、すなわち廃材の利用や版築やタイルの余った材料を転用する試みを行っている。

具体的には、提案型左官事業では、顧客のニーズに応じたデザインや材料・施工方法を採用することとなるが、顧客から支給された廃材などを壁面に塗り込むなど利用できることがある。このように廃材や余った資材を活用することにより、廃棄物の減少につなげ環境面での貢献をしている。

　また、建物のアップサイクルについて、漆喰や珪藻土、土壁は、年数を経た建物の仕上げ材として適しており、調湿、消臭や抗菌に優れ、また、隙間を埋める、床の段差解消、不陸調整（床の高低差をなくして平滑にすること）などに活用することが可能である。

　さらに、版築[15] やタイルの余った材料を転用する試みとして、余った版築を使用した傘立てを作ったり、余ったレンガを無料配布したり、箸置きや文鎮などに生まれ変わらせることも行っている。

② **原材料である漆喰の特質**

　また、左官業に不可欠な材料は漆喰である。漆喰を室内の壁に用いた場合、漆喰が室内の湿度を調整する役割を果たすため、エアコン効率が上がり、省エネ効果が期待できるという。さらに漆喰の主成分である消石灰は、塗装後、空気中の二酸化炭素を長期間にわたって塗膜中に取り込み徐々に石灰石化していく性質があるほか、50年程度の長期間にわたり、塗り替えが不要な点からも環境に優しい素材ということができる。

---

15 版築とは、壁や基礎を作りたい部分に両側から板などを当て枠を作り、その中に土などを詰め、しめ固めて構築すること。

＜有限会社原田左官工業所　会社概要＞

会社名	有限会社原田左官工業所
創業	昭和 24 年 4 月
代表取締役社長	原田宗亮（ハラダムネアキ）
相談役	原田宗彦（ハラダムネヒコ）
住所本社所在地	〒 113-0022 東京都文京区千駄木 4-21-1　ハラダビル
資本金	4,800 万円
事業内容	左官工事　タイル貼り工事　防水工事 れんが・ブロック工事業
建築業許可	東京都知事　許可（般 -23）　第 70927 号
ホームページ	https://www.haradasakan.co.jp/

※ 2023 年 9 月 1 日現在

3 日本理化学工業株式会社

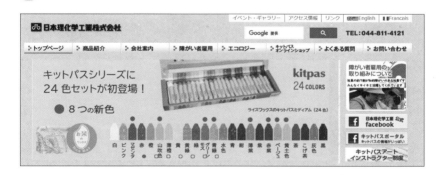

　日本理化学工業株式会社（以下、「日本理化学」と記す）は、神奈川県川崎市高津区に所在し、同地および北海道美唄市に工場を有するダストレスチョーク等を製造する会社であり、1937 年（昭和 12 年）に創業された。

主要商品は学校等で使われるチョークや黒板消し（ダストレスラーフル）、環境固形マーカーである「Kitpas」という商品名の筆記具などである。日本理化学は、全従業員94人中66人が知的障がい者（そのうち25人が重度の障がい者）であり（2023年2月現在）、川崎市と美唄市のいずれの工場においても、製造ラインのすべての業務を知的障がい者が担っている。

(1) ESG マネジメントにおける Social に関わる取り組み

　日本理化学が知的障がい者の雇用を開始したのは1960年（昭和35年）である。きっかけは、工場の近隣に所在する養護学校からの要請であったが、同社はこれまで知的障がい者を雇用したことがないこと等の理由で当初はその要請を断ったという。その後も養護学校より何度か相談を受けた結果、養護学校を卒業見込みの学生2名を2週間の仕事体験として受け入れることとなった。知的障がい者にどのような仕事をさせればよいかのノウハウが全くなかった当時は、「ふたをしてシールを貼る」といった単純作業を2週間続けさせたという。元来は知的障がい者に2週間仕事を経験してもらうのみの約束であったが、その2名の知的障がい者の真摯に作業に取り組む様子に接したその他の従業員から経営陣に対して「就職させて欲しい」との声が相次ぎ、最終的にはその2名を雇い入れることとなった。

　その後、1975年（昭和50年）には、現在本社のある神奈川県川崎市高津区に全国で初めての「心身障害者多数雇用モデル工場」を開設した。この心身障害者多数雇用モデル工場は、従業員のうち50％にあたる障がい者（そのうちの半分を重度の障がい者）を雇用することを条件に工場の開設に必要な資金の融資を受けられるというものであった。このことが、現在でも従業員の7割が知的障

がい者であることにつながっている。

　このように、生産ラインのすべてを知的障がい者に担わせる以上、それぞれの障がいの程度に応じてではあるが、すべての知的障がい者に戦力として働いてもらう必要がある。そのために日本理化学が最も重視しているのが、一人ひとりの障がいの程度やできること・できないこと、好きなことなどを十分に知る機会を設け、「どう伝えれば伝わるのか」を常に意識し、その能力に応じた段取りを組んでいくことであるという。このことは、日本理化学の経営理念としても示されている。

日本理化学の経営理念

　当社は、みんなの幸せが私の幸せとなるために、ものづくり、人とのご縁を通じて、私たち自身の（誠心誠意）誠の心を磨き続けます。

　また、全従業員がつねに「相手の理解力に合わせる」という姿勢を前提とし、素直な心でお互いをただ受入れ、お互いを知り、理解・納得しながら成長していくことで、物心両面の働く幸せ（役に立つ幸せ）の実現を追求していきます。

　そして、一心に仕事に向き合う社員一丸となり、誰もが生きやすく、働きやすい皆働社会の実現と、安心して過ごすことができる地球を未来へつなぐことに貢献していきます。

　全従業員中およそ７割の知的障がい者に重要工程を担わせつつ、同社の主力商品であるチョークの国内シェア70％を超えるトップメーカーとして経営を続けていくためには、この経営方針は単なるスローガンではなく、同社の全従業員に浸透することが不可欠であろうと思われる。

日本理化学では、時間をかけて知的障がい者に指導するのではなく、それぞれの知的障がい者の理解力に合わせて作業ができるように環境を整えることに重点が置かれている。そのため、障がい者を採用するにあたっては、重度障がい者の雇用ということもあるが、以下の4点を満たすことを社員との約束事としている。

---

① 自分の身辺処理は1人でできる。

② 簡単でも返事ができる。

③ 一生懸命仕事する。

④ 周りの人に迷惑をかけない。

　知的障がい者が、今ある理解力で仕事ができる業務を担当させ、役に立っている幸せを感じ、集中して一生懸命仕事する環境を整えることが重要であるという。工場内には、間違いなく作業をすることができるようさまざまな工夫が施されてきた。

　例えば、チョークを製造する最初の工程では、チョークの原料を規定の量計量することが求められるが、その材料の計量は、文字を読み、数字を合わせるのではなく、原料の入っている容器と同じ色のおもりを用意し、視覚的に理解できるように工夫がなされていた。

　また、完成したチョークの太さや長さが規格通りであるかを計測するために、従前はノギスで測っていたところ、規格に合う「型」を用意して、それにチョークをはめ込むことで規格内であるかが明確にわかるようになっている。

　これらの取り組みは、業務を正確に行わせるための工夫というだけではなく、個々の知的障がい者に「仕事に対する責任」を自覚させることにも役立っている。また、さまざまな工夫を通じて、それ

原料の入ってい
る容器と同じ色
のおもりの色

原料の入っている容器のふたの色
※例えば、青色の容器に保管されている原料の分量分のおもりを青色にする
ことで文字や数字がわからなくても正確に計量できるように工夫されている。

チョークの「型」

ぞれの役割を自覚させて責任ある仕事として任せることは、会社に「居場所がある」と認識してもらうことにもつながり、ひいては休まずに長く働いてもらうことという目的にも合致する。日本理化学が、同社で働く知的障がい者のすべてを単なる補助者ではなく中核の存在として働いてもらうためのキーワードとして、「責任」と「居場所」を挙げている。会社で責任ある仕事をすることを通じて、「人に必要とされ」、「人の役に立つ」ことを通じて、会社がその人にとっての居場所となることによって、休むことなく長く働いてもらうことにつながるのである。

　同社は、この責任と居場所に関して、さらに多くの施策を行っている。

① 年間個人目標

　同社で働くすべての知的障がい者に、年間の個人目標を定めさせ、常に目にとまる場所（川崎工場では食堂、美唄工場では玄関）に掲示している。"皆の作業確認をして間違いを無くす、効率の良い現場にする""新しいセット作業にチャレンジする"といった目標から"まわりにやさしくする""休まず元気に仕事にくる"といったような目標もあり、毎年撮り直す従業員の写真とともに掲示するのである。年間の目標なので、年の途中で目標を確認したり、仕事に集中できないことがあった際など掲示の目標の前で話し合うこともあるという。そして、年末には、この目標を踏まえて表彰を行うことで仕事のやりがいや集中力につながっている。

② 身だしなみ点検表

　チョークの製造現場では、製品への異物混入を防ぐことを目的に、5人一組でチームをつくり、その全員で身だしなみ点検を毎日行っ

ている。全員がお互いをチェックすることで完全なチェックができるとともに、全員がそろってすべて合格しないと作業を始められないルールである。ここでポイントは、必ず5人そろう必要があるので、休憩時間から戻ること等、他の人に迷惑をかけず、時間を守ること（時間厳守）にそれぞれが意識を置くこともできるように工夫されている。

（2）ESG マネジメントにおける Environment に関わる取り組み

　チョークは炭酸カルシウムを主原料とするが、2005 年より日本理化学のダストレスチョークはホタテ貝殻を再生利用し、世界で初めて微粉末にしてチョークに配合して使用している。

　北海道では年間約 40 万トンのホタテ貝殻が漁獲され、年間約 20 万トンの貝殻が水産廃棄物として排出されている。ホタテ貝殻は従来、土壌改良材等に利用されていたが、新たな用途開発が期待されていた。日本理化学は、北海道立工業試験場（当時。現在は北海道立総合研究機構産業技術環境研究本部工業試験場）の協力のもと、ホタテ貝殻の主成分である炭酸カルシウムを利用した製品として、貝殻の微粉末を配合したチョークを開発した。

　ホタテ貝殻の微粉末はチョーク原料に適した性質（棒状・板状の結晶形状により強い成形体を作ることができる）を持っており、同製品は従来のチョークに比べて以下の特徴を持っている。

> 1．発色性が良く、白い鮮明な文字が書ける。
> 2．書き味がソフトで滑らかに書ける。強く書いても折れにくい。
> 3．粉の飛散が少ない。

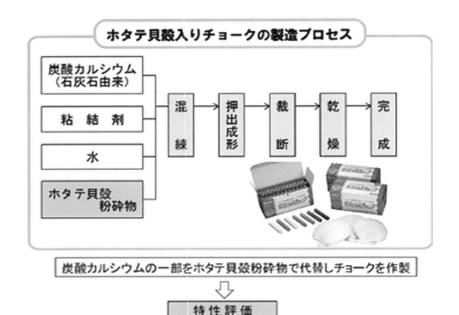

このほか、石灰石の採掘削減への寄与や、子どもたちの環境教育教材として活用できる効果もある。また、同製品の普及により、グリーン購入法の特定調達品目に「チョーク（再生材料10重量％以上使用）」が設定されるなど、業界に対する波及効果も認められた。

　北海道で社会的な課題とされていたホタテ貝殻の廃棄問題の解決に貢献するとともに、自社の主力製品であるチョークの原材料に活用することによって、従来のチョークよりも書きやすさ・消去しやすさが向上するとともに粉の飛散を少なくするという品質向上を達成している。社会課題の解決を通じて自社の主力商品であるチョークの性能も向上しており、ESGのうちEnvironment活動により経営課題を解決するESGマネジメントの実践例といえよう。

　同社は、この研究成果について特許権を取得し、知的資本として

活用している。

＜日本理化学工業株式会社　会社概要＞

社名	日本理化学工業株式会社
住所	神奈川県川崎市高津区久地 2 丁目 15 番 10 号 〒 213-0032
代表者	代表取締役　大山　隆久
会社設立	昭和 12 年 2 月 13 日
資本金	2,000 万円
事業内容	ダストレス事業部 – 文具、事務用品製造販売 ジョイント事業部 – プラスチック成形加工
社員数	91 名（うち知的障がい者 66 名）
ホームページ	https://www.rikagaku.co.jp/

※ 2023 年 9 月 1 日現在

第 4 章

SDGs・ESG 関連情報の発信・開示

第1節　ESG 関連情報を発信・開示する意義

　ESG マネジメントの実践の結果については戦略的に開示をすることが重要となる。上場企業にあっては投資家との対話にこれらの開示が不可欠であることが重要であり、非上場企業にとっては、例えば融資を受ける金融機関、顧客、従業員、サプライチェーン各企業との関係強化といった視点が重要である。ESG 関連情報を開示する目的は、第 2 章第 2 節 2 で整理をした自社の社会課題の特定と重要課題（マテリアリティ）において、中長期的な事業機会を捉え、事業リスクをヘッジすることによる将来的な企業価値の向上である。したがって、ESG 関連情報の開示における重要なポイントは、自社が設定した重要課題（マテリアリティ）であり、これを軸に、重要な社会課題とこれに対する取り組みとをステークホルダーに対して開示する点にある。

　ESG 関連情報の開示という意味での重要課題（マテリアリティ）には、環境・社会課題が企業に対して与える影響を示す「シングルマテリアリティ」と、環境・社会課題が企業に与える影響に加えて、企業が環境・社会に与える影響という 2 つの観点から整理する「ダブルマテリアリティ」がある。

　シングルマテリアリティとダブルマテリアリティのいずれを選択するかについては、ESG 関連情報を主としていかなるステークホルダーを対象として開示するかに応じて決定すればよい。主として投資家を対象に ESG 関連情報を開示する場合にはシングルマテリアリティに基づく基準を参考にすることができる。これに対して、主として顧客、サプライヤー、地域社会などを開示の対象とする場合は、ダブルマテリアリティに基づく基準が参考になる。企業の製

品・サービスの環境・社会への影響を顧客に伝えたり、サプライヤーと情報共有して環境・社会課題に一体となって取り組むことを想定している場合などはこれに該当する。

第2節 上場企業におけるESG関連情報の開示

1 ESG投資

(1) 責任投資原則 (Principles for Responsible Investment : PRI)

　ESG投資は、2006年に、国連事務総長コフィー・アナン (Kofi Annan)（当時）により提唱された「責任投資原則」(Principles for Responsible Investment : PRI) をきっかけとして一般に使われるようになった。

　責任投資原則は、コフィー・アナン国連事務総長の要請を受けて、12か国の機関から選ばれた大手機関投資家20名で構成される投資家グループにより策定された。

　責任投資原則 (PRI) によれば、責任投資を、「環境 (Environment)、社会 (Social)、ガバナンス (Governance) の要因 (ESG要因) を投資決定やアクティブ・オーナーシップに組み込むための戦略および慣行」と定義づけている。「アクティブ・オーナーシップ」とは、投資家がその権利を積極的に行使することをいい、例えば、株主総

環境	気候変動、温室効果ガスの排出、資源の枯渇（水を含む）、廃棄物および汚染
社会	労働条件（奴隷労働および児童労働を含む）、地域コミュニティ（先住民コミュニティを含む）、健康および安全、従業員関係および多様性
ガバナンス	役員報酬、贈賄および腐敗、取締役会／理事会の多様性および構成、税務戦略

図4-1　責任投資原則 (PRI) におけるESG要因の例

会における積極的な議決権の行使や企業との間で建設的な目的を
持って対話することである。

　また、ESG 要因を投資決定等に組み込むことは、投資へのリター
ンを唯一の目的とする場合であっても追求でき、追求すべきもので
あると位置づけられており、倫理や社会的責任に配慮する投資[15] と
は一線を画するものである。

　責任投資原則は、機関投資家が、受益者に対して行う約束（コミッ
トメント）として定められている。

---

①投資分析と意思決定のプロセスに ESG の課題を組み込む。

②活動的な所有者となり、所有方針と所有習慣に ESG の課題を
　組み入れる。

③投資対象に対して ESG の課題について適切な開示を求める。

④資産運用業界において本原則が受け入れられ、実行に移され
　るように働きかける。

⑤本原則を実行する際の効果を高めるために協働する。

⑥本原則の実行に関する活動状況や進捗状況に関して報告する。

図 4-2　責任投資 6 つの原則

(2) ESG 投資の手法

　持続可能な投資（SI：Sustainable Investment）を普及するた
めの国際組織である Global Sustainable Investment Alliance
（GSIA）は、持続可能な投資に対するアプローチとして次の 7 つを
掲げている **（図 4-3）**。GSIA は、持続可能な投資を、環境、社会、

15　この点で、2000 年前後に注目されていた社会的責任投資（Socially
　　Responsible Investment：SRI）が、一般に倫理的側面を重視すること
　　と対照的である。

① ESG 統合 （ESG integration）	投資先選定の過程において、従来より考慮されてきた財務情報に加え、非財務情報であるESG 情報も含めて分析・判断する手法。
②エンゲージメント・ 　議決権行使 （Corporate engagement and shareholder action）	株主としての立場から、投資先企業に対してESG に関する案件に関し、エンゲージメントや議決権行使を積極的に行い、ESG 問題への取り組みを直接的に促す投資手法。
③規範に基づく 　スクリーニング （Norms-based screening）	経済協力開発機構（OECD）が定める規範、国際労働機関（ILO）が定める児童労働や強制労働に関する規範、国連機関が定める環境ルールなどの ESG に関連する国際的規範に照らし、その基準を満たしていない企業の株式や債権を投資対象から除外する手法。
④ネガティブ・ 　スクリーニング （Negative/ exclusionary screening）	あらかじめ特定の社会的または環境に関するテーマや基準を設け、それを満たさない企業（例えば、武器製造企業・動物実験・化石燃料・ギャンブル・児童労働を行わせる企業）の株式や債券を投資対象から除外する手法。
⑤ポジティブ・ 　スクリーニング （Positive/best-in- class screening）	従業員政策、環境保護、人権等の社会問題や環境問題で優れた（ESG 関連の評価が高い）企業・銘柄に投資する手法。
⑥サステナビリティ・ 　テーマ投資 （Sustainability- themed investing）	サステナビリティ関連企業、持続可能な農業や再生可能エネルギー、エコファンドといったプロジェクトなど、サステナビリティ（持続可能性）を前面に標榜したファンドへの投資手法。
⑦インパクト／ 　コミュニティ投資 （Impact/community investing）	社会・環境に貢献する技術・サービスなどを提供する企業を対象とした投資手法。

図 4-3　ESG 投資の手法

ガバナンス（ESG）の要素をポートフォリオの選択と運用において
考慮する投資手法であるとしており[16]、ESG投資の手法として一
般に知られている。

2 さまざまなESG関連情報の開示基準

　ESGの3要素のうちガバナンスに関連する情報の開示について
は、証券取引所により「コーポレートガバナンスに関する報告書」
の開示が求められている。この報告書は、投資家が上場企業のコー
ポレートガバナンスに関する情報の比較可能性を向上させることを
念頭に、証券取引所がその記載要領を公表している。そこで、上場
企業は、コーポレートガバナンスに関する報告書の記載要領に従っ
てガバナンスに関する情報を開示することが必要となる。

　なお、コーポレートガバナンス・コードでは、上場企業における
情報開示と透明性の確保について定める基本原則3において、自社
のサステナビリティについての取り組みや人的資本・知的財産への
投資等についても具体的に開示・提供すべきであることなどが示さ
れている（コーポレートガバナンス・コードについては第2章第6
節参照）。

　他方、ESGにおける環境および社会に関する情報開示について、
企業は、自社のさまざまなステークホルダーに向けて自ら重要と考
える事項について独自の基準によってESG関連情報を開示してい
る。しかし、上場企業は、特に投資家との間で適切な対話をするた
めに必要な情報の適切な開示が求められている。ここで重要なのは、
投資家がさまざまな企業のESG関連情報を比較でき、特定企業の

---

16 『GLOBAL SUSTAINABLE INVESTMENT REVIEW 2020』P7

策定主体	概　要	報告内容
ＴＣＦＤ提言 (気候関連財務情報開示 タスクフォース)	気候変動の影響が企業財務にもたらすリスクと機会を、投資家等に報告するための枠組み	・ガバナンス ・戦略 ・リスク管理 ・指標と目標
ＳＡＳＢ (サステナビリティ会計 基準審議会)	サステナビリティ(ESG等)に係る課題が企業財務にもたらす影響を、投資家等に報告するための枠組み	11のセクター、77の業種別に開示項目及びKPIを設定 (例) ・温室効果ガス排出量 ・労働災害事故発生割合
ＧＲＩ (Global Reporting Initiative)	企業が経済、環境、社会に与える影響を、投資家を含むマルチステークホルダーに報告するための枠組み	経済、環境、社会それぞれについて開示項目及びKPIを設定 (例) ・排水の水質及び排出先 ・基本給と報酬総額の男女比
ＩＩＲＣ (国際統合報告評議会)	企業の財務情報とサステナビリティを含む非財務情報について、投資家等に対し統合的に報告するための枠組み	・組織概要と外部環境 ・ガバナンス ・ビジネスモデル ・リスクと機会 ・戦略と資源配分 ・実績、見通し　　　　　　等

出典：金融庁 HP 資料（https://www.fsa.go.jp/singi/singi_kinyu/
disclose_wg/siryou/20211001/02.pdf）を基に作成

図 4-4　非財務情報の開示に係る国際的枠組み

開示情報は一貫性を保っている必要がある点である。現在、ESG
やサステナビリティに関連するさまざまな開示基準が公表されてお
り、そのうちのいくつかを以下に紹介する。

　なお、プライム市場に上場している企業に対しては、気候変動に
係るリスク・収益機会の事業活動や収益等に与える影響について、
TCFD（気候関連財務情報開示タスクフォース基準）またはそれと
同等の枠組みに基づく開示の充実を進めるべきであるとされている。

（1）価値協創のための統合的開示・対話ガイダンス

　経済産業省は、2017 年 5 月 29 日に　「価値協創のための統合
的開示・対話ガイダンス -ESG・非財務情報と無形資産投資 -（価
値協創ガイダンス）」を公表した。価値協創ガイダンスは、企業と
投資家との間の対話や情報開示の質を高めるための基本的な枠組み

を提示し、自主的・自発的な取り組みの「指針」となることを期待して作成、提案されたものである。

　価値協創ガイダンスに期待される役割は大きく２つに分けることができる。

○企業経営者が、自らの経営理念やビジネスモデル、戦略、ガバナンス等を統合的に投資家に伝えるための手引きとしての役割
○投資家が、中長期的な観点から企業を評価し、投資判断やスチュワードシップ[17]活動に役立てるための手引きとしての役割

　価値協創ガイダンスは、2022年8月に、SX（サステナビリティ・トランスフォーメーション、第１章第２節１参照）の実現に向け、経営の強化、効果的な情報開示、企業とステークホルダーとの建設的な対話のためのフレームワークとしてアップデートすることを目指し、「価値協創ガイダンス2.0」として改訂された（第１章第２節２（2）参照）。

---

17 スチュワードシップ（Stewardship）は、一般に、投資顧問会社や投資信託委託会社といった機関投資家が受託した資産を運用管理するにあたっての責任（受託者責任）を指す。そして、受託者責任を果たすための行動規範あるいは諸原則は、スチュワードシップ・コード（Stewardship code）と呼ばれる。「日本版スチュワードシップ・コード」では、スチュワードシップ責任について、機関投資家が、投資先企業やその事業環境等に関する深い理解に基づく建設的な「目的を持った対話」（エンゲージメント）などを通じて、当該企業の企業価値向上や持続的成長を促すことにより、顧客・受益者の中長期的な投資リターンの拡大を図る責任を意味するとしている。

【改訂前の価値協創ガイダンス】

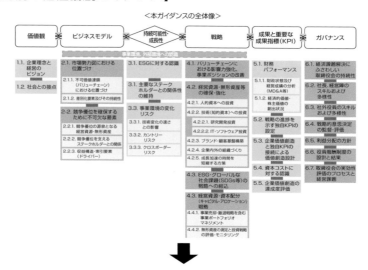

【改訂後の価値協創ガイダンス】

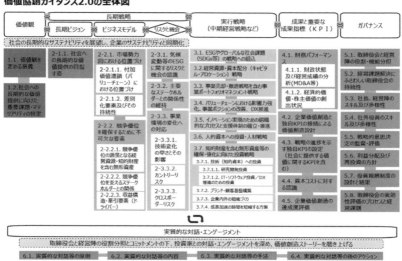

出典：経済産業省「価値協創のための統合的開示・対話ガイダンス 2.0（価値協創ガイダンス 2.0)」（再掲　序 -3　「価値協創ガイダンス 2.0」の全体図）
図 4-5　「価値協創ガイダンス」の改訂

〈改訂の主なポイント〉

○全項目において、持続可能な社会の実現に向け、企業が長期的・持続的に価値を提供することの重要性、およびそれを踏まえた対応の方向性が明記された。

○「長期戦略」の項目が新設された。

○後記（2）で述べる「TCFD提言」の“ガバナンス”“戦略”“リスク管理”“指標と目標”の開示構造との整合性の確保が図られている。

○「実行戦略（中期経営戦略など）」の項目において、人的資本への投資や人材戦略の重要性をより強調する構成へと組み直しがなされた。

○「実質的な対話・エンゲージメント」の項目が新設された。

（2）気候関連財務情報開示タスクフォース（TCFD）提言

気候関連財務情報開示タスクフォース（Task Force on Climate-related Financial Disclosures：TCFD）は、2015年12月に、金融安定理事会（FSB）によって設置され、2017年6月に「気候関連財務情報開示タスクフォースによる提言　最終報告書」を公表した。気候変動が企業財務にもたらすリスクと機会を投資家等に開示するために、気候関連財務情報開示における中核的要素として「ガバナンス」「戦略」「リスク管理」「指標と目標」が推奨されている**（図4-6）**。

（3）国際統合報告フレームワーク

国際統合報告評議会（International Integrated Reporting Council：IIRC。2021年6月、サステナビリティ会計基準審議会（SASB）と合併し、価値報告財団（VRF）を設立）によりまとめら

ガバナンス	気候関連リスクおよび機会に関する当該組織のガバナンス
戦略	当該組織のビジネス・戦略・財務計画に対する気候リスクおよび機会の実際の影響及び潜在的影響
リスク管理	当該組織が機構関連リスクを識別・評価・管理するために用いるプロセス
指標と目標	気候関連リスクおよび機会を評価・管理するのに使用する指標と目標

図 4-6　気候関連財務情報開示における中核的要素

れた統合報告書を作成するための指導原則・内容等をとりまとめたものである。統合報告書は、企業の外部環境を背景として、戦略、ガバナンス、実績、および見通しが、どのように短期、中期、長期の価値創造を導くかについて統合して報告するものである。

　統合報告書の主な目的として、財務資本の提供者に対して、組織が長期にわたりどのように価値を創造するかについて説明することとされている。統合報告書は、従業員、顧客、サプライヤー、事業パートナー、地域社会などの、企業の長期にわたる価値創造能力に関心を持つすべてのステークホルダーにとって有益なものである。

(4) SASB スタンダード

　サステナビリティ会計基準審議会（Sustainability Accounting Standards Board：SASB。2021 年 6 月、国際統合報告評議会（IIRC）と合併し、価値報告財団（VRF）を設立）が作成し公表している情報開示に関する基準である。　企業の財務パフォーマンスに影響を与える可能性が高いサステナビリティ課題を特定し、環境、社会資

局面 Dimen- sion	環境 Environment	社会資本 Social Capital	人的資本 Human Capital	ビジネスモデル と イノベーション Business Model & Innovation	リーダーシップ とガバナンス Leadership & Governance
課題・カテゴリー General Issue Category	温室効果ガス排出 (GHG Emissions) 大気の質 (Air Quality) エネルギー管理 (Energy Community) 取水・排水管理 (Water & Wastewater Management) 廃棄物・有害物質管理 (Waste & Hazardous Materials Management) 生態系への影響 (Ecological Impacts)	人権コミュニティとの関係 (Human Rights & Community Relations) 顧客プライバシー (Customer Privacy) データセキュリティ (Data Security) アクセス・入手可能な価格 (Access & Affordability) 顧客利益 (Customer Welfare) 販売慣行・表示 (Selling Practices & Product Labelling)	労働慣行 (Labor Practices) 労働の安全と衛生 (Employee Health & Safety) 従業員エンゲージメント・多様性・包摂 (Employee Engagement, Diversity &Inclusion)	製品デザイン・ライフサイクル管理 (Product Design & Lifecycle Management) ビジネスモデルの強靭性 (Business Model Resilience) サプライチェーンマネジメント (Supply Chain Management) 原材料調達・効率性 (Materials sourcing & Efficiency) 気候変動の物理的影響 (Physical Impacts of Climate Change)	ビジネス倫理 (Business Ethics) 競争行為 (Competitive Behavior) 法規制環境の管理 (Management of the Legal & Regulatory Environment) 重大事故のリスク管理 (Critical Incident Risk Management) システミックリスクの管理 (Systemic Risk Management)

図 4-7　SASB スタンダード

本、人的資本、ビジネスモデルとイノベーション、リーダーシップ
とガバナンスという5つの局面（Dimension）とそれに関連する
26のカテゴリー（General Issue Category）を設定している（**図
4-7**）。

（5）GRIスタンダード

　GRI（Global Reporting Initiative）により、2016年に公表さ
れた開示基準であり、企業が経済・環境・社会に与えるインパクト
（持続可能な発展の寄与）を報告し、持続可能な発展への貢献を説
明するフレームワークである。GRIスタンダードは、投資家のほか
に、従業員、サプライヤー、社会的弱者、地域コミュニティなどの
ステークホルダーに開示することで、持続可能な発展を促すことを
目的としている。

非上場企業における ESG 関連情報の開示

　非上場企業においては、自社が投資の対象ではない、あるいは新たなコストを生むといった理由から、ESG への取り組みに消極的である場合がある。

　しかし、規模の大小を問わず、企業が ESG の観点で経営を行うこと、すなわち環境・社会・企業統治を意識した経営を行い、自社の ESG 関連情報の開示を行うことは、以下のようにそれ自体が当該企業の企業価値の向上につながる。

1 企業イメージの向上・強化につながる

　ESG・SDGs は、世界中の人々が知る世界共通の指標であり情報である。こうした流れの中、消費者は、製品やサービスの購買に際し、環境問題や人権問題に配慮した企業の取り組みを考慮する「エシカル消費」をする場面が増えている。

　企業が ESG マネジメントに取り組んでいることを適切に開示することにより、自社の利益だけではなく社会に貢献しようと努力する企業であると社会や消費者に認識されると、社会貢献度の高い企業、社会から必要とされる企業としての評価が高まり企業イメージが向上し、自社の評価を高めることができる。

2 有利な資金調達が可能になる

　企業が ESG マネジメントに取り組む場合、有利な資金調達が可能になる。例えば「サステナビリティ・リンク・ローン（SLL）」は、

企業の環境的・社会的に持続可能な経済活動を促進し支援する融資である。

　企業がESG・SDGsに関する目標「サステナビリティ・パフォーマンス・ターゲット（SPTs）」を設定し、その取り組み状況の報告と客観的な評価により、金利等の融資条件が優遇される。

　SLLについては、環境省で「グリーンボンド及びサステナビリティ・リンク・ボンドガイドライン　グリーンローン及びサステナビリティ・リンク・ローンガイドライン2022年版」が策定され、今後の取り組み拡大が注目されており、地域の持続可能性向上への貢献が期待される地方銀行を含め、多くの金融機関に取り扱いが広がりつつある。

3 優秀な人材の確保が可能になる

　少子化により労働力不足が深刻化する環境下、減少する労働力の中からいかに優秀な人材を確保するかは、非上場企業にとって大きな課題である。一方、Z世代と呼ばれる若者世代は、社会的・環境的意識が高い傾向にあり、企業がESGを重視しているか否かは、新卒者の就職活動における企業評価の重要な視点となっている。人権問題・働きがい・ダイバーシティに配慮したESGマネジメントに取り組む企業は働きやすい職場と認識され、優秀な人材の確保、離職率の低下、採用コストの削減、人手不足による生産性の低下の防止にもつながる。

4 さまざまな経営リスクの軽減につながる

(1) 売上減少・資金調達停滞の防止

　ESG・SDGs は、加速度的に世界・社会に浸透している。こうした状況の中で ESG の視点に立った取り組みに消極的あるいはこれを無視した企業は、社会からの大きな不評を買い、消費者や金融機関からの評価が低下し、売上げの減少や資金調達に支障を来す懸念にもつながり得る。

(2) 取引対象から除外されるリスクの排除

　上場企業が自社のサプライチェーン上の取引先を選定するにあたり、対象となる企業の ESG への取り組み状況が評価される場面が増えている。大企業自体、ESG を重視した取り組みが評価されなければ、海外取引や投資の対象から外れる可能性がある。そのため、上場企業は、ESG への取り組み状況の評価が低い非上場企業と取引すること自体をリスクとみなし、当該非上場企業を取引対象から除外するといった傾向が強まっている。このように ESG マネジメントには、上場企業との取引の維持の可能性を強めるというメリットがある。規模の大小にかかわらず、企業に求められる取り組みとして、ESG への取り組みおよびその情報の開示は重視される。

ESG 関連情報の開示手順

1 開示手順のポイント

ESG 関連情報を開示するにあたっては、なによりもまず、経営層と担当部署との間で、その意義を共有することが重要である。このことは、ESG 関連情報の開示をする前提として ESG マネジメントの取り組みを進めていく中で、ある程度の共有・浸透がなされているものと期待できる。

ESG マネジメントの実践過程で重要課題（マテリアリティ）を取りまとめることとなるが、ESG 関連情報の中でも重要課題（マテリアリティ）の開示は重要である。なぜなら、重要課題（マテリアリティ）は、自社の事業について、ステークホルダーとの関係における長期的なリスクと機会を洗い出して整理し、企業経営上の優先順位を決定するものであり、企業のステークホルダーにとっての重要関心事だからである。

（資料）欧州委員会「Guidelines on reporting climate-related information」(2019年6月)から経済産業省作成。

出典：経済産業省（https://www.meti.go.jp/press/2021/11/20211112003/20211112003-2.pdf）P.14

図 4-8　シングルマテリアリティとダブルマテリアリティ

そして、環境・社会課題が企業に対して与える影響を示すシング
ルマテリアリティと、環境・社会課題が企業に与える影響に加えて、
企業が環境・社会に与える影響という2つの観点から整理するダブ
ルマテリアリティのいずれを採用するかで、開示の対象として想
定するステークホルダーが異なることに注意が必要である。

　一般に、シングルマテリアリティでは、主として投資家が開示対
象となり、ダブルマテリアリティでは、主として顧客、サプライヤー、
地域社会等が開示対象となる**(図4-8)**。事業の目的が、重要課題(マ
テリアリティ)の解決に貢献するものである必要があることは、第
2章第6節1で述べた通りであるが、事業の目的を再確認する際
には、シングルマテリアリティとダブルマテリアリティのいずれを
採用したかにより想定される開示対象を意識することが重要である。

　次に、ESG関連情報の開示においては、ESGマネジメントの進
捗状況をステークホルダーに示すために、適切なKPIを設定し開示
することも重要である。これらの情報開示に基づいて投資家や顧客、
自社従業員といった重要なステークホルダーとの対話を進めること
により、企業の持続的な成長が達成できるのである。

　さらに、経営層が、ESGマネジメントを推進しESG関連情報開
示の状況をモニタリングし管理する体制を構築することが求められ
る。例えば、「気候関連財務情報開示タスクフォース(Task Force
on Climate-related Financial Disclosures：TCFD)による提言」
(本章第2節2(2)参照)においては、気候変動に起因して、ビ
ジネス上いかなるリスクと機会があり、これらがビジネスにいかな
る影響を与えるかを特定し、将来の状況に応じて柔軟なまたは堅牢
な戦略的計画を立てるための「シナリオ分析」を実施することが求
められている。自社にとって実現可能性の高いシナリオを選択し、
それらのシナリオが事業に与える影響等を適切に評価し、企業とし

てこれにどう対応するかを検討することが重要である。

2 ESG マネジメントの進捗状況の把握・開示

ESG マネジメントにおいて、事業を通じて得られる収益の状況や財務資本と 5 つの非財務資本の成長度合い等を「見える化」し、モニタリングすることは極めて重要である。ステークホルダーは、一般に、統合報告書等で示された ESG の観点を加味して策定した事業計画の達成度合いに高い関心を持っている。この達成度合いを示す合理的な指標は、KPI（Key Performance Indicator：重要業績評価指標）と呼ばれている。KPI の設定については、第 2 章第 7 節 2 で説明している。ESG 関連情報の開示において、先述した重要課題（マテリアリティ）の開示と同じように重要なのがこの ESG マネジメントの達成度合いを示す KPI の開示である。

KPI の設定に際しては、事業計画の進捗を管理するということのほか、いかなるステークホルダーに向けたものであるかを意識することが求められる。シングルマテリアリティを採用した場合には、主として投資家への開示を意識して KPI を設定することとなる。他方で、ダブルマテリアリティを採用する場合には、主として顧客、サプライヤー、地域社会といったステークホルダーへの開示の視点がより重要となる。

3 ステークホルダーとの「対話」という観点

ESG 関連情報の開示手順を考える上で重要なのは、ESG マネジメントを実践する企業側からステークホルダーに対して一方的に情報を提供するだけでなく、ステークホルダーとの「対話」を促す素

材として ESG 関連情報を捉えることである。企業としては、ESG
関連情報の開示を通じて、自社の従業員、顧客、投資家、地域社会
といった自社にとって重要なステークホルダーとの対話を促し、ス
テークホルダーからのフィードバックを得ることを通じて、持続的
な成長のため必要な課題や改善に資する有益な情報を得ることがで
きる。対話を通じて得られた課題や改善に資する情報は、次年度の
事業計画や中期経営計画等に反映することで、ESG マネジメント
の実効性をより強固なものにすることができるのである。

参考資料　SDGs169 のターゲット

　ここでは農林水産省及び外務省の仮訳を基に、SDGs のゴールと
その 169 のターゲットの日本語訳を掲載する。

1.　あらゆる場所のあらゆる形態の貧困を終わらせる

 この目標は、2030 年までに、世界中で極度の貧困にある人をなくすこと、様々な次元で貧困ラインを下回っている人の割合を半減させることなどを目指しています。貧困とは、単に収入や資産がないことだけではなく、飢餓・栄養不良、教育や基本的サービスへのアクセス不足、社会的な差別や排除、意思決定からの除外なども含むものです。また、弱い立場にある人たちが、気象変動や災害などの影響をより強くうけることも防ぐ必要があります。

ターゲット
1.1　2030 年までに、現在 1 日 1.25 ドル未満で生活する人々と定義されている極度の貧困をあらゆる場所で終わらせる。
1.2　2030 年までに、各国定義によるあらゆる次元の貧困状態にある、すべての年齢の男性、女性、子どもの割合を半減させる。
1.3　各国において最低限の基準を含む適切な社会保護制度及び対策を実施し、2030 年までに貧困層及び脆弱層に対し十分な保護を達成する。

1.4　2030年までに、貧困層及び脆弱層をはじめ、すべての男性及び女性が、基礎的サービスへのアクセス、土地及びその他の形態の財産に対する所有権と管理権限、相続財産、天然資源、適切な新技術、マイクロファイナンスを含む金融サービスに加え、経済的資源についても平等な権利を持つことができるように確保する。

1.5　2030年までに、貧困層や脆弱な状況にある人々の強靭性（レジリエンス）を構築し、気候変動に関連する極端な気象現象やその他の経済、社会、環境的ショックや災害に暴露や脆弱性を軽減する。

1.a　あらゆる次元での貧困を終わらせるための計画や政策を実施するべく、後発開発途上国をはじめとする開発途上国に対して適切かつ予測可能な手段を講じるため、開発協力の強化などを通じて、さまざまな供給源からの相当量の資源の動員を確保する。

1.b　貧困撲滅のための行動への投資拡大を支援するため、国、地域及び国際レベルで、貧困層やジェンダーに配慮した開発戦略に基づいた適正な政策的枠組みを構築する。

2. 飢餓を終わらせ、食料安全保障及び栄養改善を実現し、持続可能な農業を促進する

 この目標は 2030 年までに、飢餓とあらゆる栄養不良に終止符を打ち、持続可能な食料生産を達成することを目指しています。また、誰もが栄養のある食料を十分得られるようにするためには、環境と調和した持続可能な農業を推進し、生産者の所得を確保し、農業生産性を高めるための研究・投資を行う必要があります。

ターゲット
2.1　2030 年までに、飢餓を撲滅し、すべての人々、特に貧困層及び幼児を含む脆弱な立場にある人々が一年中安全かつ栄養のある食料を十分得られるようにする。
2.2　5 歳未満の子どもの発育阻害や消耗性疾患について国際的に合意されたターゲットを 2025 年までに達成するなど、2030 年までにあらゆる形態の栄養不良を解消し、若年女子、妊婦・授乳婦及び高齢者の栄養ニーズへの対処を行う。
2.3　2030 年までに、土地、その他の生産資源や、投入財、知識、金融サービス、市場及び高付加価値化や非農業雇用の機会への確実かつ平等なアクセスの確保などを通じて、女性、先住民、家族農家、牧畜民及び漁業者をはじめとする小規模食料生産者の農業生産性及び所得を倍増させる。

2.4 2030年までに、生産性を向上させ、生産量を増やし、生態系を維持し、気候変動や極端な気象現象、干ばつ、洪水及びその他の災害に対する適応能力を向上させ、漸進的に土地と土壌の質を改善させるような、持続可能な食料生産システムを確保し、強靭（レジリエント）な農業を実践する。

2.5 2020年までに、国、地域及び国際レベルで適正に管理及び多様化された種子・植物バンクなども通じて、種子、栽培植物、飼育・家畜化された動物及びこれらの近縁野生種の遺伝的多様性を維持し、国際的合意に基づき、遺伝資源及びこれに関連する伝統的な知識へのアクセス及びその利用から生じる利益の公正かつ衡平な配分を促進する。

2.a 開発途上国、特に後発開発途上国における農業生産能力向上のために、国際協力の強化などを通じて、農村インフラ、農業研究・普及サービス、技術開発及び植物・家畜のジーン・バンクへの投資の拡大を図る。

2.b ドーハ開発ラウンドの決議に従い、すべての形態の農産物輸出補助金及び同等の効果を持つすべての輸出措置の並行的撤廃などを通じて、世界の農産物市場における貿易制限や歪みを是正及び防止する。

2.c 食料価格の極端な変動に歯止めをかけるため、食料市場及びデリバティブ市場の適正な機能を確保するための措置を講じ、食料備蓄などの市場情報への適時のアクセスを容易にする。

3. あらゆる年齢のすべての人々の健康的な生活を確保し、福祉を促進する

 この目標は、母子保健を増進し、主要な感染症の流行に終止符を打ち、非感染性疾患と環境要因による疾患を減らすことを含めて、あらゆる年齢のすべての人々の健康と福祉を確保することを目指しています。

ターゲット
3.1　2030年までに、世界の妊産婦の死亡率を出生10万人当たり70人未満に削減する。
3.2　すべての国が新生児死亡率を少なくとも出生1,000件中12件以下まで減らし、5歳以下死亡率を少なくとも出生1,000件中25件以下まで減らすことを目指し、2030年までに、新生児及び5歳未満児の予防可能な死亡を根絶する。
3.3　2030年までに、エイズ、結核、マラリア及び顧みられない熱帯病といった伝染病を根絶するとともに肝炎、水系感染症及びその他の感染症に対処する。
3.4　2030年までに、非感染性疾患による若年死亡率を、予防や治療を通じて3分の1減少させ、精神保健及び福祉を促進する。
3.5　薬物乱用やアルコールの有害な摂取を含む、物質乱用の防止・治療を強化する。
3.6　2020年までに、世界の道路交通事故による死傷者を半減させる。

3.7 2030 年までに、家族計画、情報・教育及び性と生殖に関する健康の国家戦略・計画への組み入れを含む、性と生殖に関する保健サービスをすべての人々が利用できるようにする。

3.8 すべての人々に対する財政リスクからの保護、質の高い基礎的な保健サービスへのアクセス及び安全で効果的かつ質が高く安価な必須医薬品とワクチンへのアクセスを含む、ユニバーサル・ヘルス・カバレッジ（UHC）を達成する。

3.9 2030 年までに、有害化学物質、ならびに大気、水質及び土壌の汚染による死亡及び疾病の件数を大幅に減少させる。

3.a すべての国々において、たばこの規制に関する世界保健機関枠組条約の実施を適宜強化する。

3.b 主に開発途上国に影響を及ぼす感染性及び非感染性疾患のワクチン及び医薬品の研究開発を支援する。また、知的所有権の貿易関連の側面に関する協定（TRIPS 協定）及び公衆の健康に関するドーハ宣言に従い、安価な必須医薬品及びワクチンへのアクセスを提供する。同宣言は公衆衛生保護及び、特にすべての人々への医薬品のアクセス提供にかかわる「知的所有権の貿易関連の側面に関する協定（TRIPS 協定）」の柔軟性に関する規定を最大限に行使する開発途上国の権利を確約したものである。

3.c 開発途上国、特に後発開発途上国及び小島嶼開発途上国において保健財政及び保健人材の採用、能力開発・訓練及び定着を大幅に拡大させる。

3.d すべての国々、特に開発途上国の国家・世界規模な健康危険因子の早期警告、危険因子緩和及び危険因子管理のための能力を強化する。

4. すべての人々への、包摂的かつ公正な質の高い教育を確保し、生涯学習の機会を促進する

この目標は、2030年までにすべての子供が平等に質の高い教育を受けられるようにすること、高等教育にアクセスできることを目指しています。また、働きがいのある人間らしい仕事や企業に必要な技能を備えた若者・成人の割合を大幅に増加させることもねらっています。

ターゲット
4.1　2030年までに、すべての子どもが男女の区別なく、適切かつ効果的な学習成果をもたらす、無償かつ公正で質の高い初等教育及び中等教育を修了できるようにする。
4.2　2030年までに、すべての子どもが男女の区別なく、質の高い乳幼児の発達・ケア及び就学前教育にアクセスすることにより、初等教育を受ける準備が整うようにする。
4.3　2030年までに、すべての人々が男女の区別なく、手頃な価格で質の高い技術教育、職業教育及び大学を含む高等教育への平等なアクセスを得られるようにする。
4.4　2030年までに、技術的・職業的スキルなど、雇用、働きがいのある人間らしい仕事及び起業に必要な技能を備えた若者と成人の割合を大幅に増加させる。
4.5　2030年までに、教育におけるジェンダー格差を無くし、障害者、先住民及び脆弱な立場にある子どもなど、脆弱層があらゆるレベルの教育や職業訓練に平等にアクセスできるようにする。

4.6　2030 年までに、すべての若者及び大多数（男女ともに）の成人が、読み書き能力及び基本的計算能力を身に付けられるようにする。

4.7　2030 年までに、持続可能な開発のための教育及び持続可能なライフスタイル、人権、男女の平等、平和及び非暴力的文化の推進、グローバル・シチズンシップ、文化多様性と文化の持続可能な開発への貢献の理解の教育を通して、全ての学習者が、持続可能な開発を促進するために必要な知識及び技能を習得できるようにする。

4.a　子ども、障害及びジェンダーに配慮した教育施設を構築・改良し、すべての人々に安全で非暴力的、包摂的、効果的な学習環境を提供できるようにする。

4.b　2020 年までに、開発途上国、特に後発開発途上国及び小島嶼開発途上国、ならびにアフリカ諸国を対象とした、職業訓練、情報通信技術（ICT）、技術・工学・科学プログラムなど、先進国及びその他の開発途上国における高等教育の奨学金の件数を全世界で大幅に増加させる。

4.c　2030 年までに、開発途上国、特に後発開発途上国及び小島嶼開発途上国における教員養成のための国際協力などを通じて、質の高い教員の数を大幅に増加させる。

5. ジェンダー平等を達成し、すべての女性及び女児の能力強化を行う

 この目標は、女性が潜在能力を十分に発揮して活躍できるようにするため、教育や訓練の充実はもとより、有害な慣行を含め、女性と女児に対するあらゆる形態の差別と暴力をなくすことを目指しています。経済分野においても、あらゆるレベルの意思決定において女性の平等な参画とリーダーシップの機会の確保が求められています。

ターゲット
5.1　あらゆる場所におけるすべての女性及び女児に対するあらゆる形態の差別を撤廃する。
5.2　人身売買や性的、その他の種類の搾取など、すべての女性及び女児に対する、公共・私的空間におけるあらゆる形態の暴力を排除する。
5.3　未成年者の結婚、早期結婚、強制結婚及び女性器切除など、あらゆる有害な慣行を撤廃する。
5.4　公共のサービス、インフラ及び社会保障政策の提供、ならびに各国の状況に応じた世帯・家族内における責任分担を通じて、無報酬の育児・介護や家事労働を認識・評価する。
5.5　政治、経済、公共分野でのあらゆるレベルの意思決定において、完全かつ効果的な女性の参画及び平等なリーダーシップの機会を確保する。

5.6 国際人口・開発会議（ICPD）の行動計画及び北京行動綱領、ならびにこれらの検証会議の成果文書に従い、性と生殖に関する健康及び権利への普遍的アクセスを確保する。

5.a 女性に対し、経済的資源に対する同等の権利、ならびに各国法に従い、オーナーシップ及び土地その他の財産、金融サービス、相続財産、天然資源に対するアクセスを与えるための改革に着手する。

5.b 女性の能力強化促進のため、ICT をはじめとする実現技術の活用を強化する。

5.c ジェンダー平等の促進、ならびにすべての女性及び女子のあらゆるレベルでの能力強化のための適正な政策及び拘束力のある法規を導入・強化する。

6. すべての人々の水と衛生の利用可能性と持続可能な管理を確保する

 この目標は飲料水、衛生施設、衛生状態を確保するだけではなく、水源の質と持続可能性をめざすものです。

ターゲット
6.1　2030年までに、すべての人々の、安全で安価な飲料水の普遍的かつ平等なアクセスを達成する。
6.2　2030年までに、すべての人々の、適切かつ平等な下水施設・衛生施設へのアクセスを達成し、野外での排泄をなくす。女性及び女子、ならびに脆弱な立場にある人々のニーズに特に注意を払う。
6.3　2030年までに、汚染の減少、投棄廃絶と有害な化学物や物質の放出の最小化、未処理の排水の割合半減及び再生利用と安全な再利用の世界的規模での大幅な増加により、水質を改善する。
6.4　2030年までに、全セクターにおいて水の利用効率を大幅に改善し、淡水の持続可能な採取及び供給を確保し水不足に対処するとともに、水不足に悩む人々の数を大幅に減少させる。
6.5　2030年までに、国境を越えた適切な協力を含む、あらゆるレベルでの統合水資源管理を実施する。
6.6　2020年までに、山地、森林、湿地、河川、帯水層、湖沼などの水に関連する生態系の保護・回復を行う。

6.a　2030 年までに、集水、海水淡水化、水の効率的利用、排水処理、リサイクル・再利用技術など、開発途上国における水と衛生分野での活動や計画を対象とした国際協力と能力構築支援を拡大する。

6.b　水と衛生に関わる分野の管理向上への地域コミュニティの参加を支援・強化する。

7. すべての人々の、安価かつ信頼できる持続可能な近代的エネルギーへのアクセスを確保する

 この目標は、国際協力の強化や、クリーンエネルギーに関するインフラと技術の拡大などを通じ、エネルギーへのアクセス拡大と、再生可能エネルギーの使用増大を推進しようとするものです。

ターゲット
7.1　2030年までに、安価かつ信頼できる現代的エネルギーサービスへの普遍的アクセスを確保する。
7.2　2030年までに、世界のエネルギーミックスにおける再生可能エネルギーの割合を大幅に拡大させる。
7.3　2030年までに、世界全体のエネルギー効率の改善率を倍増させる。
7.a　2030年までに、再生可能エネルギー、エネルギー効率及び先進的かつ環境負荷の低い化石燃料技術などのクリーンエネルギーの研究及び技術へのアクセスを促進するための国際協力を強化し、エネルギー関連インフラとクリーンエネルギー技術への投資を促進する。
7.b　2030年までに、各々の支援プログラムに沿って開発途上国、特に後発開発途上国及び小島嶼開発途上国、内陸開発途上国のすべての人々に現代的で持続可能なエネルギーサービスを供給できるよう、インフラ拡大と技術向上を行う。

8. 包摂的かつ持続可能な経済成長及びすべての人々の完全かつ生産的な雇用と働きがいのある人間らしい雇用（ディーセント・ワーク）を促進する

継続的、包摂的かつ持続可能な経済成長は、グローバルな繁栄の前提条件です。この目標は、すべての人々に生産的な完全雇用とディーセント・ワーク（働きがいのある人間らしい仕事）の機会を提供しつつ、強制労働や人身取引、児童労働を根絶することをねらいとしています。

ターゲット
8.1　各国の状況に応じて、一人当たり経済成長率を持続させる。特に後発開発途上国は少なくとも年率7％の成長率を保つ。
8.2　高付加価値セクターや労働集約型セクターに重点を置くことなどにより、多様化、技術向上及びイノベーションを通じた高いレベルの経済生産性を達成する。
8.3　生産活動や適切な雇用創出、起業、創造性及びイノベーションを支援する開発重視型の政策を促進するとともに、金融サービスへのアクセス改善などを通じて中小零細企業の設立や成長を奨励する。
8.4　2030年までに、世界の消費と生産における資源効率を漸進的に改善させ、先進国主導の下、持続可能な消費と生産に関する10年計画枠組みに従い、経済成長と環境悪化の分断を図る。

8.5　2030年までに、若者や障害者を含むすべての男性及び女性の、完全かつ生産的な雇用及び働きがいのある人間らしい仕事、ならびに同一労働同一賃金を達成する。

8.6　2020年までに、就労、就学及び職業訓練のいずれも行っていない若者の割合を大幅に減らす。

8.7　強制労働を根絶し、現代の奴隷制、人身売買を終らせるための緊急かつ効果的な措置の実施、最悪な形態の児童労働の禁止及び撲滅を確保する。2025年までに児童兵士の募集と使用を含むあらゆる形態の児童労働を撲滅する。

8.8　移住労働者、特に女性の移住労働者や不安定な雇用状態にある労働者など、すべての労働者の権利を保護し、安全・安心な労働環境を促進する。

8.9　2030年までに、雇用創出、地方の文化振興・産品販促につながる持続可能な観光業を促進するための政策を立案し実施する。

8.10　国内の金融機関の能力を強化し、すべての人々の銀行取引、保険及び金融サービスへのアクセスを促進・拡大する。

8.a　後発開発途上国への貿易関連技術支援のための拡大統合フレームワーク（EIF）などを通じた支援を含む、開発途上国、特に後発開発途上国に対する貿易のための援助を拡大する。

8.b　2020年までに、若年雇用のための世界的戦略及び国際労働機関（ILO）の仕事に関する世界協定の実施を展開・運用化する。

9. 強靭（レジリエント）なインフラ構築、包摂的かつ持続可能な産業化の促進及びイノベーションの推進を図る

この目標は、国際的、国内的な金融、技術支援、研究とイノベーション、情報通信技術へのアクセス拡大を通じて安定した産業化を図ることを目指しています。

ターゲット
9.1　すべての人々に安価で公平なアクセスに重点を置いた経済発展と人間の福祉を支援するために、地域・越境インフラを含む質の高い、信頼でき、持続可能かつ強靭（レジリエント）なインフラを開発する。
9.2　包摂的かつ持続可能な産業化を促進し、2030 年までに各国の状況に応じて雇用及び GDP に占める産業セクターの割合を大幅に増加させる。後発開発途上国については同割合を倍増させる。
9.3　特に開発途上国における小規模の製造業その他の企業の、安価な資金貸付などの金融サービスやバリューチェーン及び市場への統合へのアクセスを拡大する。
9.4　2030 年までに、資源利用効率の向上とクリーン技術及び環境に配慮した技術・産業プロセスの導入拡大を通じたインフラ改良や産業改善により、持続可能性を向上させる。すべての国々は各国の能力に応じた取組を行う。

9.5 2030年までにイノベーションを促進させることや100万人当たりの研究開発従事者数を大幅に増加させ、また官民研究開発の支出を拡大させるなど、開発途上国をはじめとする全ての国々の産業セクターにおける科学研究を促進し、技術能力を向上させる。

9.a アフリカ諸国、後発開発途上国、内陸開発途上国及び小島嶼開発途上国への金融・テクノロジー・技術の支援強化を通じて、開発途上国における持続可能かつ強靭（レジリエント）なインフラ開発を促進する。

9.b 産業の多様化や商品への付加価値創造などに資する政策環境の確保などを通じて、開発途上国の国内における技術開発、研究及びイノベーションを支援する。

9.c 後発開発途上国において情報通信技術へのアクセスを大幅に向上させ、2020年までに普遍的かつ安価なインターネット・アクセスを提供できるよう図る。

10. 各国内及び各国間の不平等を是正する

 この目標は、国内および国家間の所得の不平等だけでなく、性別、年齢、障害、人種、階級、民族、宗教、機会に基づく不平等の是正も求めています。また、安全で秩序ある正規の移住の確保を目指すとともに、グローバルな政策決定と開発援助における開発途上国の発言力に関連する問題にも取り組むものとなっています。

ターゲット
10.1　2030年までに、各国の所得下位40%の所得成長率について、国内平均を上回る数値を漸進的に達成し、持続させる。
10.2　2030年までに、年齢、性別、障害、人種、民族、出自、宗教、あるいは経済的地位その他の状況に関わりなく、すべての人々の能力強化及び社会的、経済的及び政治的な包含を促進する。
10.3　差別的な法律、政策及び慣行の撤廃、ならびに適切な関連法規、政策、行動の促進などを通じて、機会均等を確保し、成果の不平等を是正する。
10.4　税制、賃金、社会保障政策をはじめとする政策を導入し、平等の拡大を漸進的に達成する。
10.5　世界金融市場と金融機関に対する規制とモニタリングを改善し、こうした規制の実施を強化する。

10.6　地球規模の国際経済・金融制度の意思決定における開発途上国の参加や発言力を拡大させることにより、より効果的で信用力があり、説明責任のある正当な制度を実現する。
10.7　計画に基づき良く管理された移民政策の実施などを通じて、秩序のとれた、安全で規則的かつ責任ある移住や流動性を促進する。
10.a　世界貿易機関（WTO）協定に従い、開発途上国、特に後発開発途上国に対する特別かつ異なる待遇の原則を実施する。
10.b　各国の国家計画やプログラムに従って、後発開発途上国、アフリカ諸国、小島嶼開発途上国及び内陸開発途上国を始めとする、ニーズが最も大きい国々への、政府開発援助（ODA）及び海外直接投資を含む資金の流入を促進する。
10.c　2030年までに、移住労働者による送金コストを3％未満に引き下げ、コストが5％を越える送金経路を撤廃する。

11. 包摂的で安全かつ強靱（レジリエント）で持続可能な都市及び人間居住を実現する

この目標は、コミュニティの絆と個人の安全を強化しつつ、イノベーションや雇用を刺激する形で、都市その他の人間居住地の再生と計画を図ることを目指したものです。

ターゲット
11.1　2030年までに、すべての人々の、適切、安全かつ安価な住宅及び基本的サービスへのアクセスを確保し、スラムを改善する。
11.2　2030年までに、脆弱な立場にある人々、女性、子ども、障害者及び高齢者のニーズに特に配慮し、公共交通機関の拡大などを通じた交通の安全性改善により、すべての人々に、安全かつ安価で容易に利用できる、持続可能な輸送システムへのアクセスを提供する。
11.3　2030年までに、包摂的かつ持続可能な都市化を促進し、すべての国々の参加型、包摂的かつ持続可能な人間居住計画・管理の能力を強化する。
11.4　世界の文化遺産及び自然遺産の保護・保全の努力を強化する。
11.5　2030年までに、貧困層及び脆弱な立場にある人々の保護に焦点をあてながら、水関連災害などの災害による死者や被災者数を大幅に削減し、世界の国内総生産比で直接的経済損失を大幅に減らす。

11.6 2030 年までに、大気の質及び一般並びにその他の廃棄物の管理に特別な注意を払うことによるものを含め、都市の一人当たりの環境上の悪影響を軽減する。

11.7 2030 年までに、女性、子ども、高齢者及び障害者を含め、人々に安全で包摂的かつ利用が容易な緑地や公共スペースへの普遍的アクセスを提供する。

11.a 各国・地域規模の開発計画の強化を通じて、経済、社会、環境面における都市部、都市周辺部及び農村部間の良好なつながりを支援する。

11.b 2020 年までに、包含、資源効率、気候変動の緩和と適応、災害に対する強靱さ（レジリエンス）を目指す総合的政策及び計画を導入・実施した都市及び人間居住地の件数を大幅に増加させ、仙台防災枠組 2015-2030 に沿って、あらゆるレベルでの総合的な災害リスク管理の策定と実施を行う。

11.c 財政的及び技術的な支援などを通じて、後発開発途上国における現地の資材を用いた、持続可能かつ強靱（レジリエント）な建造物の整備を支援する。

12. 持続可能な生産消費形態を確保する

 この目標は、環境に害を及ぼす物質の管理に関する具体的な政策や国際協定などの措置を通じ、持続可能な消費と生産のパターンを推進することを目指しています。

ターゲット
12.1　開発途上国の開発状況や能力を勘案しつつ、持続可能な消費と生産に関する10年計画枠組み（10YFP）を実施し、先進国主導の下、すべての国々が対策を講じる。
12.2　2030年までに天然資源の持続可能な管理及び効率的な利用を達成する。
12.3　2030年までに小売・消費レベルにおける世界全体の一人当たりの食料の廃棄を半減させ、収穫後損失などの生産・サプライチェーンにおける食料の損失を減少させる。
12.4　2020年までに、合意された国際的な枠組みに従い、製品ライフサイクルを通じ、環境上適正な化学物質やすべての廃棄物の管理を実現し、人の健康や環境への悪影響を最小化するため、化学物質や廃棄物の大気、水、土壌への放出を大幅に削減する。
12.5　2030年までに、廃棄物の発生防止、削減、再生利用及び再利用により、廃棄物の発生を大幅に削減する。
12.6　特に大企業や多国籍企業などの企業に対し、持続可能な取り組みを導入し、持続可能性に関する情報を定期報告に盛り込むよう奨励する。

12.7	国内の政策や優先事項に従って持続可能な公共調達の慣行を促進する。
12.8	2030 年までに、人々があらゆる場所において、持続可能な開発及び自然と調和したライフスタイルに関する情報と意識を持つようにする。
12.a	開発途上国に対し、より持続可能な消費・生産形態の促進のための科学的・技術的能力の強化を支援する。
12.b	雇用創出、地方の文化振興・産品販促につながる持続可能な観光業に対して持続可能な開発がもたらす影響を測定する手法を開発・導入する。
12.c	開発途上国の特別なニーズや状況を十分考慮し、貧困層やコミュニティを保護する形で開発に関する悪影響を最小限に留めつつ、税制改正や、有害な補助金が存在する場合はその環境への影響を考慮してその段階的廃止などを通じ、各国の状況に応じて、市場のひずみを除去することで、浪費的な消費を奨励する、化石燃料に対する非効率な補助金を合理化する。

13. 気候変動及びその影響を軽減するための緊急対策を講じる *

 気候変動は開発にとって最大の脅威であり、その広範な未曽有の影響は、最貧層と最も脆弱な立場にある人々に不当に重くのしかかっています。気候変動とその影響に対処するだけでなく、気候関連の危険や自然災害に対応できるレジリエンスを構築するためにも、緊急の対策が必要です。

ターゲット
13.1　すべての国々において、気候関連災害や自然災害に対する強靱性（レジリエンス）及び適応力を強化する。
13.2　気候変動対策を国別の政策、戦略及び計画に盛り込む。
13.3　気候変動の緩和、適応、影響軽減及び早期警戒に関する教育、啓発、人的能力及び制度機能を改善する。
13.a　重要な緩和行動の実施とその実施における透明性確保に関する開発途上国のニーズに対応するため、2020 年までにあらゆる供給源から年間 1,000 億ドルを共同で動員するという、UNFCCC の先進締約国によるコミットメントを実施するとともに、可能な限り速やかに資本を投入して緑の気候基金を本格始動させる。
13.b　後発開発途上国及び小島嶼開発途上国において、女性や青年、地方及び社会的に疎外されたコミュニティに焦点を当てることを含め、気候変動関連の効果的な計画策定と管理のための能力を向上するメカニズムを推進する。
＊国連気候変動枠組条約（UNFCCC）が、気候変動への世界的対応について交渉を行う基本的な国際的、政府間対話の場であると認識している。

14. 持続可能な開発のために海洋・海洋資源を保全し、持続可能な形で利用する

この目標は、海洋・沿岸生態系の保全と持続可能な利用を推進し、海洋汚染を予防するとともに、海洋資源の持続可能な利用によって小島嶼開発途上国 (太平洋・西インド諸島・インド洋などにある、領土が狭く、低地の島国) と LDCs(後発開発途上国) の経済的利益を増大させようとするものです。

ターゲット
14.1　2025 年までに、海洋堆積物や富栄養化を含む、特に陸上活動による汚染など、あらゆる種類の海洋汚染を防止し、大幅に削減する。
14.2　2020 年までに、海洋及び沿岸の生態系に関する重大な悪影響を回避するため、強靱性（レジリエンス）の強化などによる持続的な管理と保護を行い、健全で生産的な海洋を実現するため、海洋及び沿岸の生態系の回復のための取組を行う。
14.3　あらゆるレベルでの科学的協力の促進などを通じて、海洋酸性化の影響を最小限化し、対処する。
14.4　水産資源を、実現可能な最短期間で少なくとも各資源の生物学的特性によって定められる最大持続生産量のレベルまで回復させるため、2020 年までに、漁獲を効果的に規制し、過剰漁業や違法・無報告・無規制（IUU）漁業及び破壊的な漁業慣行を終了し、科学的な管理計画を実施する。

14.5　2020 年までに、国内法及び国際法に則り、最大限入手可能な科学情報に基づいて、少なくとも沿岸域及び海域の 10 パーセントを保全する。

14.6　開発途上国及び後発開発途上国に対する適切かつ効果的な、特別かつ異なる待遇が、世界貿易機関（WTO）漁業補助金交渉の不可分の要素であるべきことを認識した上で、2020 年までに、過剰漁獲能力や過剰漁獲につながる漁業補助金を禁止し、違法・無報告・無規制（IUU）漁業につながる補助金を撤廃し、同様の新たな補助金の導入を抑制する **。

14.7　2030 年までに、漁業、水産養殖及び観光の持続可能な管理などを通じ、小島嶼開発途上国及び後発開発途上国の海洋資源の持続的な利用による経済的便益を増大させる。

14.a　海洋の健全性の改善と、開発途上国、特に小島嶼開発途上国および後発開発途上国の開発における海洋生物多様性の寄与向上のために、海洋技術の移転に関するユネスコ政府間海洋学委員会の基準・ガイドラインを勘案しつつ、科学的知識の増進、研究能力の向上、及び海洋技術の移転を行う。

14.b　小規模・沿岸零細漁業者に対し、海洋資源及び市場へのアクセスを提供する。

14.c　「我々の求める未来」のパラ 158 において想起されるとおり、海洋及び海洋資源の保全及び持続可能な利用のための法的枠組みを規定する海洋法に関する国際連合条約（UNCLOS）に反映されている国際法を実施することにより、海洋及び海洋資源の保全及び持続可能な利用を強化する。

** 現在進行中の世界貿易機関（WTO）交渉および WTO ドーハ開発アジェンダ、ならびに香港閣僚宣言のマンデートを考慮。

15. 陸域生態系の保護、回復、持続可能な利用の推進、持続可能な森林の経営、砂漠化への対処、ならびに土地の劣化の阻止・回復及び生物多様性の損失を阻止する

 この目標は、持続可能な形で森林を管理し、劣化した土地を回復し、砂漠化対策を成功させ、自然の生息地の劣化を食い止め、生物多様性の損失に終止符を打つことに注力するものです。これらの取組をすべて組み合わせれば、森林その他の生態系に直接依存する人々の生計を守り、生物多様性を豊かにし、これら天然資源の恩恵を将来の世代に与えることに役立つと考えられます。

ターゲット
15.1　2020年までに、国際協定の下での義務に則って、森林、湿地、山地及び乾燥地をはじめとする陸域生態系と内陸淡水生態系及びそれらのサービスの保全、回復及び持続可能な利用を確保する。
15.2　2020年までに、あらゆる種類の森林の持続可能な経営の実施を促進し、森林減少を阻止し、劣化した森林を回復し、世界全体で新規植林及び再植林を大幅に増加させる。
15.3　2030年までに、砂漠化に対処し、砂漠化、干ばつ及び洪水の影響を受けた土地などの劣化した土地と土壌を回復し、土地劣化に荷担しない世界の達成に尽力する。
15.4　2030年までに持続可能な開発に不可欠な便益をもたらす山地生態系の能力を強化するため、生物多様性を含む山地生態系の保全を確実に行う。

15.5　自然生息地の劣化を抑制し、生物多様性の損失を阻止し、2020 年までに絶滅危惧種を保護し、また絶滅防止するための緊急かつ意味のある対策を講じる。

15.6　国際合意に基づき、遺伝資源の利用から生ずる利益の公正かつ衡平な配分を推進するとともに、遺伝資源への適切なアクセスを推進する。

15.7　保護の対象となっている動植物種の密猟及び違法取引を撲滅するための緊急対策を講じるとともに、違法な野生生物製品の需要と供給の両面に対処する。

15.8　2020 年までに、外来種の侵入を防止するとともに、これらの種による陸域・海洋生態系への影響を大幅に減少させるための対策を導入し、さらに優先種の駆除または根絶を行う。

15.9　2020 年までに、生態系と生物多様性の価値を、国や地方の計画策定、開発プロセス及び貧困削減のための戦略及び会計に組み込む。

15.a　生物多様性と生態系の保全と持続的な利用のために、あらゆる資金源からの資金の動員及び大幅な増額を行う。

15.b　保全や再植林を含む持続可能な森林経営を推進するため、あらゆるレベルのあらゆる供給源から、持続可能な森林経営のための資金の調達と開発途上国への十分なインセンティブ付与のための相当量の資源を動員する。

15.c　持続的な生計機会を追求するために地域コミュニティの能力向上を図る等、保護種の密猟及び違法な取引に対処するための努力に対する世界的な支援を強化する。

16. 持続可能な開発のための平和で包摂的な社会を促進し、すべての人々に司法へのアクセスを提供し、あらゆるレベルにおいて効果的で説明責任のある包摂的な制度を構築する

 この目標は人権の尊重、法の支配、あらゆるレベルでのグッド・ガバナンス（良い統治）、および、透明かつ効果的で責任ある制度に基づく平和で包括的な社会を目指すものです。

ターゲット
16.1　あらゆる場所において、すべての形態の暴力及び暴力に関連する死亡率を大幅に減少させる。
16.2　子どもに対する虐待、搾取、取引及びあらゆる形態の暴力及び拷問を撲滅する。
16.3　国家及び国際的なレベルでの法の支配を促進し、すべての人々に司法への平等なアクセスを提供する。
16.4　2030 年までに、違法な資金及び武器の取引を大幅に減少させ、奪われた財産の回復及び返還を強化し、あらゆる形態の組織犯罪を根絶する。
16.5　あらゆる形態の汚職や贈賄を大幅に減少させる。
16.6　あらゆるレベルにおいて、有効で説明責任のある透明性の高い公共機関を発展させる。
16.7　あらゆるレベルにおいて、対応的、包摂的、参加型及び代表的な意思決定を確保する。
16.8　グローバル・ガバナンス機関への開発途上国の参加を拡大・強化する。

16.9　2030 年までに、すべての人々に出生登録を含む法的な
　　　身分証明を提供する。

16.10　国内法規及び国際協定に従い、情報への公共アクセス
　　　を確保し、基本的自由を保障する。

16.a　特に開発途上国において、暴力の防止とテロリズム・犯
　　　罪の撲滅に関するあらゆるレベルでの能力構築のため、国際
　　　協力などを通じて関連国家機関を強化する。

16.b　持続可能な開発のための非差別的な法規及び政策を推進
　　　し、実施する。

17. 持続可能な開発のための実施手段を強化し、グローバル・パートナーシップを活性化する

 持続可能な開発アジェンダを成功へと導くためには、政府、民間セクター、市民社会の間のパートナーシップが必要です。人間と地球を中心に据えた原則や価値観、共有されているビジョンと目標に根差すこのような包摂的パートナーシップは、グローバル、地域、国内、地方の各レベルで必要とされています。

ターゲット
資金
17.1　課税及び徴税能力の向上のため、開発途上国への国際的な支援なども通じて、国内資源の動員を強化する。
17.2　先進国は、開発途上国に対する ODA を GNI 比 0.7% に、後発開発途上国に対する ODA を GNI 比 0.15 ～ 0.20% にするという目標を達成するとの多くの国によるコミットメントを含む ODA に係るコミットメントを完全に実施する。ODA 供与国が、少なくとも GNI 比 0.20% の ODA を後発開発途上国に供与するという目標の設定を検討することを奨励する。
17.3　複数の財源から、開発途上国のための追加的資金源を動員する。
17.4　必要に応じた負債による資金調達、債務救済及び債務再編の促進を目的とした協調的な政策により、開発途上国の長期的な債務の持続可能性の実現を支援し、重債務貧困国（HIPC）の対外債務への対応により債務リスクを軽減する。

17.5　後発開発途上国のための投資促進枠組みを導入及び実施する。

技術

17.6　科学技術イノベーション（STI）及びこれらへのアクセスに関する南北協力、南南協力及び地域的・国際的な三角協力を向上させる。また、国連レベルをはじめとする既存のメカニズム間の調整改善や、全世界的な技術促進メカニズムなどを通じて、相互に合意した条件において知識共有を進める。

17.7　開発途上国に対し、譲許的・特恵的条件などの相互に合意した有利な条件の下で、環境に配慮した技術の開発、移転、普及及び拡散を促進する。

17.8　2017 年までに、後発開発途上国のための技術バンク及び科学技術イノベーション能力構築メカニズムを完全運用させ、情報通信技術（ICT）をはじめとする実現技術の利用を強化する。

能力構築

17.9　すべての持続可能な開発目標を実施するための国家計画を支援するべく、南北協力、南南協力及び三角協力などを通じて、開発途上国における効果的かつ的をしぼった能力構築の実施に対する国際的な支援を強化する。

貿易

17.10　ドーハ・ラウンド（DDA）交渉の結果を含めた WTO の下での普遍的でルールに基づいた、差別的でない、公平な多角的貿易体制を促進する。

17.11　開発途上国による輸出を大幅に増加させ、特に2020年までに世界の輸出に占める後発開発途上国のシェアを倍増させる。
17.12　後発開発途上国からの輸入に対する特恵的な原産地規則が透明で簡略的かつ市場アクセスの円滑化に寄与するものとなるようにすることを含む世界貿易機関（WTO）の決定に矛盾しない形で、すべての後発開発途上国に対し、永続的な無税・無枠の市場アクセスを適時実施する。
体制面 ・政策・制度的整合性
17.13　政策協調や政策の首尾一貫性などを通じて、世界的なマクロ経済の安定を促進する。
17.14　持続可能な開発のための政策の一貫性を強化する。
17.15　貧困撲滅と持続可能な開発のための政策の確立・実施にあたっては、各国の政策空間及びリーダーシップを尊重する。
・マルチステークホルダー・パートナーシップ
17.16　すべての国々、特に開発途上国での持続可能な開発目標の達成を支援すべく、知識、専門的知見、技術及び資金源を動員、共有するマルチステークホルダー・パートナーシップによって補完しつつ、持続可能な開発のためのグローバル・パートナーシップを強化する。
17.17　さまざまなパートナーシップの経験や資源戦略を基にした、効果的な公的、官民、市民社会のパートナーシップを奨励・推進する。

・データ、モニタリング、説明責任

17.18　2020 年までに、後発開発途上国及び小島嶼開発途上国を含む開発途上国に対する能力構築支援を強化し、所得、性別、年齢、人種、民族、居住資格、障害、地理的位置及びその他各国事情に関連する特性別の質が高く、タイムリーかつ信頼性のある非集計型データの入手可能性を向上させる。

17.19　2030 年までに、持続可能な開発の進捗状況を測る GDP 以外の尺度を開発する既存の取組を更に前進させ、開発途上国における統計に関する能力構築を支援する。

出典：農林水産省ウェブサイト（https://www.maff.go.jp/j/shokusan/sdgs/sdgs_target.html）

【参考文献】

「グローバルリスク報告書」（世界経済フォーラム）

「持続可能な開発のための 2030 アジェンダ」（国際連合広報センター）

「SDGs 経営ガイド」（経済産業省）

「伊藤レポート 3.0（SX 版伊藤レポート）」（経済産業省）

「価値協創のための統合的開示・対話ガイダンス 2.0 －サステナビリティ・トランスフォーメーション（SX）実現のための価値創造ストーリーの協創－」（経済産業省）

「人的資本可視化指針」（内閣府）

「SDGs 実施指針」（持続可能な開発目標（SDGs）推進本部）

「国際統合フレームワーク」（国際統合報告評議会（IIRC））

「コーポレートガバナンス・コード」（東京証券取引所）

「知財・無形資産の投資・活用戦略の開示及びガバナンスガイドライン」（内閣府）

「国連環境計画・金融イニシアティブと国連グローバルコンパクト」国連環境計画・金融イニシアティブと国連グローバルコンパクト

【編著者】
株式会社ワールド・ヒューマン・リソーシス
(THE WORLD HUMAN RESOURCES CO., LTD.)

株式会社ワールド・ヒューマン・リソーシス（WHR）は、専門性の高いプロフェッショナルを組織化し、企業の幅広いニーズに応えるシンクタンクである。WHR は、高度な知識と資格を有する専門家に加え、あらゆる分野での豊富な実務キャリアのあるエキスパートがプロジェクトベースでコンサルティング・アドバイスなどを行っている。WHR のコンサルティングは、企業経営の観点から採るべき「最適な解（ベストプラクティス）」を提案することにある。

林　光男
取締役　主席研究員

糸井　裕明
取締役　主席研究員　特定社会保険労務士

【執筆者一覧】
平本　正則
代表取締役社長　主席研究員

松浦　宗史
専務取締役　主席研究員

金子　裕一
常務取締役　主席研究員

東本　建太
主席研究員

平本　正史
主任研究員

篠田　郷子
主任研究員

直井　雅人
主席研究員　弁護士

加藤　幸一
主席研究員　税理士

ESG マネジメント
持続可能な組織をつくる実践書

〈検印廃止〉

編著者	株式会社ワールド・ヒューマン・リソーシス　ESG 経営研究会
	林 光男　糸井 裕明
発行者	坂本 清隆
発行所	産業能率大学出版部
	東京都世田谷区等々力 6-39-15　〒158-8630
	（電 話）03（6432）2536
	（FAX）03（6432）2537
	（URL）https://www.sannopub.co.jp/
	（振替口座）00100-2-112912

2023 年 10 月 30 日　初版 1 刷発行

印刷・製本／セブン

（落丁・乱丁はお取り替えいたします）　　　　ISBN 978-4-382-15831-3